我只要寫作，就是回家

余華訪談錄

余華

目次

【輯一】

【輯二】

答義大利《共和國報》　270

我寫作時喜歡用諷刺的手法，也有憤世嫉俗的味道

一個真正的作家不只要有政治上的勇氣，更應該有文學敘述上的勇氣

輯一

我只要寫作，就是回家

關於寫作

楊紹斌（自由寫作者）：你通常是怎麼構思一篇小說的？

余華：我寫作的開始五花八門，有主題先行，也有的時候是某一個細節、一段對話或者某一個意象打動了我，促使我坐到了寫字桌前。

楊紹斌：《活著》這部小說裡福貴這個形象有來源嗎？

余華：福貴最早來到我腦子裡時是這樣的，一個老人，在中午的陽光下犁田，他的臉上布滿了皺紋，皺紋裡嵌滿了泥土。

楊紹斌：許三觀呢？

余華：他最早的形象是在冬天的時候穿著一件棉襖，鈕釦都掉光了，腰上繫著一根草繩，一個口袋裡塞了一只碗，另一個口袋裡放了一包鹽。但是，這是我開始寫作時的形象，構思的時候還不是這樣。

楊紹斌：那又是怎麼樣的？

余華：關於《活著》，我最早是想寫一個人和他生命的關係，這樣的關係在很長時間裡都讓我著迷，這有點主題先行，可是我一直不知道這篇小說應該怎麼寫。有一天早上醒來時，我對陳虹（作者太太）說，我知道怎樣寫這篇小說了，因為我想出了題目，叫《活著》。陳虹說這個題目非常好。就是因為有了這個標題，才有了這部小說。有時候一個標題也會讓你寫出一部小說。一九八〇年代的時候，文學界批判過主題先行的寫作方式，其實完全沒有道理，寫作什麼方式都可以，條條大路都通羅馬。至於《許三觀賣血記》，最早是這樣的，大概是在一九九〇年，我和陳虹在王府井的大街上，突然看到一個上了年紀的男人淚流滿面地從對面走了過來。我們當時驚呆了，王府井是什麼地方？那麼一個熱鬧的場所，突然有一個人旁若無人、淚流滿面地走來。這情景給我們的印象非常深刻。

到了一九九五年，有一天中午，陳虹又想起了這件事，我們就聊了起來，猜測是什麼使他如此悲哀？而且是旁若無人的悲哀！這和你一個人躲到衛生間去哭是完全不一樣的。

楊紹斌：所以後來在小說裡，許三觀在大街上哭。

余華：這已經是最後一章了。那天，我們兩個人不斷猜測使那位老人悲哀的原因，一直沒有結果。又過了幾天，我對陳虹說起我小時候，我們家不遠處的醫院供血室，有血頭，有賣血的人。我說起這些事時，陳虹突然提醒我，王府井哭泣的那位老人會不會是賣血賣不出去了，他一輩子賣血為生，如果不能賣了，那可怎麼辦？我想，對，這小說有了。於是我就坐下來寫，就這麼寫了八個月。

楊紹斌：許三觀後來就賣不了血。

余華：當時我認為小說最後的高潮，就是他賣不了血，所以他就在大街上旁若無人地哭，因為這意味著他失去了養活自己的能力，他的悲哀是絕望以後的悲哀。這對年輕人來說沒什麼，可是對一個老人就完全不一樣了。我曾經準備在這最後的一章裡重重地去寫，準備將自己吃奶的力氣都寫光，將這一章充分渲染。可是當我寫完第二十八章，也就是結尾前的一章後，我才知道敘述高潮其實是在這一章，就是許三觀一路賣血去上海的那一章，於是最後一章我用輕的方式完成了。根據我寫作和閱讀的經驗，兩個很重的章節並排在一起，只會互相抵消敘述的力量。

楊紹斌：這麼說來，你在動手寫作時，對筆下的人物已經胸中有數了？

余華：還是沒數，其實我根本不知道接下來他會幹什麼，最多只能先給他一些設計，而且有些還用不上。

楊紹斌：你現在還擬提綱嗎？

余華：我在舊信封上做筆記。開始時我怕自己忘了，就隨手拿起一個舊信封記上，一個記滿了，再用第二個，為了風格的統一，我接下去仍然用舊的信封。像《活著》和《許三觀賣血記》，我都寫滿了一堆舊信封。現在我開始用新的信封，而且必須是國際航空的那一種，上面沒有郵遞區號的紅框，顯得更乾淨。這已經成為了我的寫作習慣。當我寫一部長篇小說的時候，我只要知道開頭一萬多字怎麼寫就行了，後面肯定會出來。要是一萬字寫完了，後面還不出來，那就不應該寫了。這和我早期的寫作已經很不一樣了。我以前小說裡的人物，都是我敘述中的符號，那時候我認為人物不應該有自己的聲音，他們只要傳達敘述者的聲音就行了，敘述者就像是全知的上帝。但是到了《呼喊與細雨》，我開始意識到人物有自己的聲音，我應該尊重他們自己的聲音，而且他們的聲音遠比敘述者的聲音豐富。因此，我寫《活著》和《許三觀賣血記》的過程，其實就是對人物不斷理解的過程，當我感到理解的差不多了，我的小說也該結束了。我想起來，一九八七年在黃山的時候，有一天傍晚我和林斤瀾（《北京文學》主編）一起散步，他告訴我有一次他和汪曾祺一起去看望沈從文先生，他問沈先生小說應該怎麼寫，沈先生只回答了一個字：貼。就是說貼著人物寫。這個字說得好！可是當時我沒有很深的感受，現在我才發現的確如此，貼——其實就是源源不斷地去理解自己筆下的人物，就像去理解一位越來越親密的朋友那樣，因此生活遠比我們想像的要豐富，就是我自己也要比我所認為的要豐富的多。

楊紹斌：你對小說的開頭一句敏感嗎？

余華：非常敏感。第一句要是寫不好，下面的話就白寫了。小說的第一句話，就好比一個人剛從子宮裡出來，要是腦袋擠扁了，這個人就不會聰明。

楊紹斌：你喜歡在白天還是晚上寫作？

余華：不分白天晚上，我只要吃飽了和睡足了，任何時候都能寫作。

楊紹斌：你寫得慢嗎？

余華：我現在比以前快多了。我現在真正寫作的時間不多，一旦寫起來，就很快。我覺得寫作也是一門手藝，熟練之後工作就會變得輕鬆起來；可是另一方面，壓力也加重了，我現在已經寫了一百多萬字了，這對我來說是個包袱，我應該如何去面對我過去的作品？有時候這是很困難的。

楊紹斌：有些作家總是愈寫愈困難。

余華：所有的作家都應該是愈寫愈困難，當我擁有二百多萬字的作品時，我想我會更困難。我慶幸人不能活得更長久，要不這作家沒法當了。如果我能夠活五百年，那麼六十歲以後我肯定不當作家了。

楊紹斌：你在寫作中會碰到哪些具體的困難？

余華：可以說非常多。有很多都是細部的問題，這是小說家必須去考慮的，雖然詩人可以對此不屑一顧，然而小說家卻無法迴避。所以我經常說，小說家就像是一個村長，什麼事都要去管。

楊紹斌：他得充分顧及到細節的清晰和真實。

余華：是的，比如說福貴這個人物，他是一個唯讀過幾年私塾的農民，而且他的一生都是以農民的身分來完成的，讓這樣一個人來講述自己，必須用最樸素的語言去寫，必須時刻將敘述限制起來，所有的語詞和句式都為他而生，因此我連成語都很少使用，只有那些連孩子們都願意使用的成語，我才敢小心翼翼地去使用。

楊紹斌：它對你的限制很大。

余華：是的，但是這並不意味著這樣的寫作就放棄了敘述上的追求，相反，這時候的敘述更需要作家下功夫。比如小說中有這麼一段，就是有慶死後，福貴瞞著家珍將有慶埋在一棵樹下，然後他哭著站起來，他看到那條通向城裡的小路，有慶生前每天都在這條小路上奔跑著去學校，這時福貴再次去看這條月光下的小路。我感到必須寫福貴對小路的感受，如果不寫，作為一個作家是不負責任的，可是如何去寫？我記得自己曾經在《世事如煙》裡有過這樣的描述，說月光下的道路像河流一樣，閃爍著蒼白的光芒。如果這時候用這樣的句子來描述一個失去了兒子的父親，顯然是太不負責任了。為了找到一個合適的意象，我費了很長時間，最後我終於找到了一個很好的意象——鹽，我這樣寫道：那條通向城裡的小路在月光下像是撒滿了鹽。對於一個農民來說，鹽是很熟悉的；另一方面，又符合他當時的心情，就像往他傷口上撒了鹽一樣。

楊紹斌：是的，我讀到這一段時很感動。

余華：有時候寫作中碰到的困難，其實是一個非常簡單的問題，可是會陰差陽錯地要了作家的命，甚至會讓作家感到自卑，感到自己再也寫不下去了，吃不下飯也睡不著覺，可是後來他會突然發現那其實是一個很小的問題，隨手一寫就解決了。就像是抱著孩子到處找孩子，戴著眼鏡到處找眼鏡，就是這樣的困難，會讓作家寫作的過程愈拉愈長。

楊紹斌：具體說呢？

余華：我一下子想不起來具體的例子，但它確實是我寫作時隨時都要遇到的困難。可以這麼說，什麼是敘述？它在確立前其實就是一堆雜亂無章的困難，寫作的過程就是不斷地和它們相遇的過程，不斷地去克服它們的過程，最後你才會發現一個完整的敘述成立了。我在寫《許三觀賣血記》時，碰到這樣一個難題，那就是如何讓許玉蘭給許三觀生下三個兒子。在其他方式的敘述裡，這一章可以不寫；可是在這部作品中，我覺得必須寫。雖然這部作品是跳躍的，而且十分簡潔，可是它在敘述上對人物每一段經歷都是無微不至的關懷。後來，我找到了一個很好的辦法，讓許玉蘭罵起來。這是第四章，整個一章，都是許玉蘭躺在醫院的產台上罵許三觀。生第一個兒子時，許玉蘭罵得仇恨無比；第二個罵到一半時，孩子出生了；第三個才罵了兩聲，孩子就出來了。不是有個說法嗎，女人在生孩子時是很恨男人的。許玉蘭在產台上罵了三次，敘述裡的時間一下子過去了很多年。其實這樣的方式我在〈我沒有自己的名字〉裡就已經使用過了，我讓來發將父親三十多年間對他說的話在一個句子裡完成。一個一百多字的句子一下子將三十年的時間打發走了，這是我寫作最得意的時候。人的記憶就是這樣，我父親在三十年間對我說的不同的話，我可以在一分鐘裡集中起來。

楊紹斌：你修改嗎？

余華：我是一個熱愛修改的作家，我覺得修改是一種享受，而且修改的過程是我對自己內省的過程，對我以後的寫作都會有說明。

楊紹斌：你是否跟別人談論你正在寫的小說？

余華：以前經常談，現在不談了。以前我的寫作方式決定了我可以和別人談，因為在寫之前我已經知道得很多；現在我寫之前知道的不多了，所以我不談了。

楊紹斌：你對自己的小說語言有些什麼要求？

余華：我對語言只有一個要求：準確。一個優秀的作家應該無休止地剝削自己的才能，讓語言發揮出最大的能量。魯迅就是這樣的作家，他的語言像核能一樣，體積很小，可是能量無窮。作家的語言千萬不要成為一堆煤，即便堆得像山一樣，能量仍然有限。

楊紹斌：你離開海鹽去北京也有十多年了，脫離家鄉的語境和生活，這種遷移本身以及由此而來的一系列變化，對你的寫作有什麼樣的影響？

余華：影響是多方面的，不過決定我今後生活道路和寫作方向的主要因素，在海鹽的時候已經完成了，應該說是在我童年和少年時已經完成了。接下去我所做的不過是些重溫而已，當然是不斷重新發現意義上的重溫。我現在對給予我成長的故鄉有著越來越強烈的感受，不管我寫什麼故事，裡面所有的人物和所有的場景都不由自主地屬於故鄉。

楊紹斌：你認為你的寫作和家鄉存在著一種什麼樣的聯繫？

余華：我只要寫作，就是回家。當我不寫作的時候，我才想到自己是在北京生活。

關於閱讀

楊紹斌：你喜歡哪些作家？

余華：我喜歡的作家太多了。

楊紹斌：最早的時候你喜歡川端康成。

余華：是的。一九八〇年，我在寧波的時候，在一個十多個人住的屋子裡，在一個靠近窗口的上舖，我第一次讀到了他的作品，是《伊豆的舞女》，我嚇了一跳。那時候中國文學正是傷痕文學的黃金時期，我發現寫受傷的小說還有另外一種表達，我覺得比傷痕文學那種控訴更有力量。後來，有五、六年的時間，我一直迷戀川端康成，那時候出版的所有他的書，我都有。但長期迷戀一位作家，對一個寫作的年輕人來說，肯定是有害的。接下來是卡夫卡（Franz Kafka），我最早在《世界文學》上讀過他的《變形記》（*Die Verwandlung*），印象深刻，過了兩年，我買到了一本《卡夫卡小說選》，重新閱讀他的作品，這一次時機成熟了，卡夫卡終於讓我震撼了。我當時印象很深的是《鄉村醫生》（*Ein Landarzt*）裡的那匹馬，我心想卡夫卡寫作真是自由自在，他想讓那匹馬存在，馬就出現；他想讓馬消失，馬就沒有了。他根本不作任何鋪墊。我突然發現寫小說可以這麼自由，於是我就和川端康成再見了，我心想我終於可以擺脫他了。

楊紹斌：大概就是在那個時期，你寫出了〈十八歲出門遠行〉。

余華：是的，我寫出了〈十八歲出門遠行〉，當時我很興奮，發現寫出了一篇讓自己都感到意外的小說，不過我還是沒有把握，剛好我要去北京，去參加《北京文學》的筆會，就將小說拿給李陀（《北京文學》副主編）看，李陀看完後非常喜歡，他告訴我，說我已經走到中國當代文學的最前列了。李陀的這句話我一輩子都忘不了，就是他這句話，使我後來愈寫膽子愈大。

楊紹斌：就是說卡夫卡成了你創造力的第一個發掘者。

余華：可以這麼說。不過我現在回頭去看，川端康成對我的幫助仍然是至關重要的。在川端康成做我導師的五、六年時間裡，我學會了如何去表現細部，而且是用一種感受的方式去表現。感受，這非常重要，這樣的方式會使細部異常豐厚。川端康成是一個非常細膩的作家。就像是練書法先練正楷一樣，那個五、六年的時間我打下了一個堅實的寫作基礎，就是對細部的關注。現在不管我小說的節奏有多快，我都不會忘了細部。所以，卡夫卡對我來說是思想的解放，而川端康成教會了我寫作的基本方法。在喜歡川端康成的那幾年裡，我還喜歡普魯斯特（Marcel Proust），還有英國女作家曼斯費爾德（Katherine Mansfield），等等，那時候我喜歡的作家都是細膩和溫和的。卡夫卡之後，我開始喜歡敘述和情感都很強烈的作家。現在隨著年齡的增長，我發現我喜歡的作家越來越多了，而且已經沒有風格上的局限了。

楊紹斌：你說說看，還有哪些作家？

余華：比如說魯迅。魯迅是我至今為止閱讀中最大的遺憾，我覺得，如果我更早幾年讀魯迅的話，我的寫作可能會是另外一種狀態。我讀魯迅讀得太晚了，雖然我在小學和中學時就讀過。

楊紹斌：因為原先幾乎是一種被動接受。

余華：其實魯迅是不屬於孩子們的。我驚訝地發現，我小時候背過的〈孔乙己〉、〈從百草園到三味書屋〉等作品，當我前年重讀時，就像是第一次閱讀，讀完了才有些似曾相識的感覺。可見那時候我其實是沒有閱讀魯迅，或者說只是旅遊而已，現在我的閱讀是在魯迅的作品裡定居了。重讀魯迅完全是一個偶然，大概兩三年前，我的一位朋友想拍魯迅作品的電視劇，他請我策畫，我心想改編魯迅還不容易，然後我才發現我的書架上竟然沒有一本魯迅的書，我就去買了人民文學出版社的《魯迅小說集》，我首先讀的就是〈狂人日記〉，我嚇了一跳，讀完〈孔乙己〉後我就給那位朋友打電話，我說你不能改編，魯迅是偉大的作家，偉大的作家不應該被改編成電視劇。我認為我讀魯迅讀得太晚了，因為那時候我的創作已經很難回頭，但是他仍然會對我今後的生活、閱讀和寫作產生影響，我覺得他時刻都會在情感和思想上支援我。

魯迅可以說是我讀到過的作家中敘述最簡潔的一位，可是他的作品卻是異常的豐厚，我覺得可能來自兩方面，一方面魯迅在敘述的時候從來不會放過那些關鍵之處，也就是說對細部的敏感。要知道，細部不是靠堆積來顯示自己的，而是在一些關鍵的時候，又在一些關鍵的位置上恰如其分地出現，這時候你會感到某一個細部突然從整個敘述裡明亮了起來，然後是照亮了全部的敘述。魯迅就是這麼奇妙，他所有精彩的細部都像是信手拈來，他就是在給《吶喊》寫自序時，寫到他的朋友金心異來看望他，在如此簡潔的筆調裡，魯迅也沒忘了寫金心異進屋後脫下長衫的一筆。看上去是閒筆，其實是閒筆不閒。用閒筆不閒來說魯迅的作品實在是太合適了。在〈孔乙己〉裡面，當寫到孔乙己最後一次來酒店時，他的腿已經斷了。如果孔乙己腿沒有斷，可以不寫他是如何來的，可是他的腿斷了，就必須要寫，這是一位優秀作家的責任感。魯迅先是讓他的聲音從櫃檯下飄上來，然後讓小伙計端著酒從櫃檯繞過去，看到孔乙己從破衣服裡摸出了四文大錢，這時候敘述就看到了他滿手的泥，魯迅這樣寫：原來他便用這手走來的。魯迅的交代乾淨有力。魯迅作品有力的另一個方面，我想應該是魯迅的寬廣，像他的〈從百草園到三味書屋〉，他在寫百草園時的敘述是那麼的明媚、歡樂和充滿了童年的調皮，然後進入了三味書屋，環境變得陰森起來，孩子似乎被控制了，可是魯迅仍然寫出了童年的樂趣，只是這樣的樂趣是在被壓迫中不斷滲透出來，就像石頭下面的青草依然充滿了生長的欲望一樣。這就是魯迅的寬廣，他沒有將三味書屋和百草園對立起來，因為魯迅要寫的不是百草園，也不是三味書屋，而是童年，真正的童年是任何力量都無法改變的。這就是一個偉大的作家。

我想起來當年海明威（Ernest Hemingway）的《老人與海》（*The Old Man and the Sea*）發表時，美國很多批評家都認為老人象徵什麼，大海又象徵什麼。海明威很生氣，他認為老人就是老人，大海就是大海，只有鯊魚有象徵，他說鯊魚象徵批評家。然後他給自己信任的一位朋友貝瑞遜（美國藝術史家）寫信，希望他出來說幾句話，貝瑞遜的回信是我讀到的對象徵最好的詮釋。貝瑞遜說老人確實就是老人，大海也就是大海，它們不象徵什麼，但是，貝瑞遜最後說，一部偉大的作品又是無處不洋溢著象徵。

一個真正的老人，一個真正的大海會擁有多少象徵？只有這樣的形象才是無處不洋溢著象徵。魯迅在〈從百草園到三味書屋〉裡，寫出的就是真正的童年，無處不洋溢著象徵的童年。我一直很喜歡以撒・辛格（Isaac Singer）的哥哥對他說的那句話：看法總是要陳舊過時的，只有事實不會陳舊過時。

楊紹斌：普魯斯特對你的影響體現在哪些方面？

余華：普魯斯特總是能夠綿延不絕地去感受，他這方面的天賦其實遠遠長於《追憶似水年華》（*À la recherche du temps perdu*）的長度。他的感受是那樣的獨特，同時又是那樣的親切，讓人身臨其境。他就是在自戀的時候也是非常可愛，當他寫到晚上靠在枕頭上睡覺時，就像是睡在自己童年的臉上，嬌嫩清新。

楊紹斌：你的第一部長篇小說《呼喊與細雨》，我覺得在風格上的細膩與《追憶似水年華》有某種聯繫。

余華：我希望有。喬伊斯（James Joyce）我也很喜歡，因為我找到了閱讀

《尤利西斯》（*Ulysses*）的最好辦法，那就是隨手翻著去閱讀，你會發現這個偉大的作家對細部的刻畫可以說是無與倫比，當他寫一個人從馬車裡出來時，門出了問題，就有了三個的動作，先是用手推一下，然後用胳膊肘去撞，最後是用腳將車門踢開了。

楊紹斌：另外還有哪些作家？

余華：進入一九九〇年代以後，我最迷戀的作家是但丁（Dante Alighieri）和蒙田（Michel de Montaigne）。蒙田隨筆中對人與事物的理解是那樣的溫和，同時又那樣的充滿了力量，那種深入人心的力量。所有的法語作家裡，我最熱愛蒙田；所有的義大利語作家裡，我最熱愛但丁；西班牙語應該是賽凡提斯（Miguel de Cervantes Saavedra）；德語可能是歌德（Johann Wolfgang Goethe）；俄語當然是托爾斯泰；至於英語世界裡，我還找不出一個我最熱愛的作家，莎士比亞（William Shakespeare）有這樣的可能，如果他作品中的毛病少一些的話。我對他們的熱愛毫無功利之心，不像剛開始寫作時那樣想學到點什麼。剛開始寫作時，卡夫卡、川端康成這樣的作家很大程度就像是在我身上投資，然後我馬上就能出產品，他們就像是一個跨國公司。而現在對但丁和蒙田，我是懷著赤誠之心去閱讀。

楊紹斌：布爾加科夫呢？

余華：布爾加科夫是這樣的，讀到以後大吃一驚。然後我才感到對蘇聯文學的了解是多麼不容易，這是一個不斷深入的過程。最早我們知道的是奧斯特洛夫斯基，或者是法捷耶夫……

楊紹斌：後來是《靜靜的頓河》。

余華：肖洛霍夫，那是一位偉大的作家，這一點無可非議。然後突然發現還有索忍尼辛、巴斯特納克。我原以為蘇聯文學到這兩位已經見底了，想不到還有一位偉大的作家——布爾加科夫。

楊紹斌：像深淵一樣。

余華：真像是進入了深淵。布爾加科夫是一位非常了不起的作家，我非常喜歡他，尤其是他的《大師與瑪格麗特》，讀這部作品時，我發現有些輝煌章節的敘述都是布爾加科夫失控後完成的，或者說是他乾脆放任自流。這給我帶來了一點啟示，那就是一個作家在寫作的時候，不要剝奪自己得來不易的自由。

楊紹斌：再談談賈西亞·馬奎斯（Gabriel García Márquez）吧。

余華：我是一九八三年開始讀他的小說的，就是《百年孤寂》（*Cien años de soledad*）。那時候我還沒有具備去承受他打擊的感受力，也許由於他的故事太龐大了，我的手伸過去卻什麼都沒有抓到。顯然，那時候我還沒有達到可以被賈西亞·馬奎斯的作品震撼的那種程度。你要被他震撼，首先你必須具備一定的反應，我當時好像還不具備這樣的反應。只有覺得這位作家奇妙無比，而且也確實喜歡他。

其實拉美文學裡第一個將我震撼的作家是胡安·魯爾福（Juan Rulfo）。我記得最早讀他的作品是他的《佩德羅·巴拉摩》（*Pedro Páramo*），那是在海鹽，虹橋新村二十六號樓上三室，你不是來過嗎？

我當時讀的是人民文學版，題目是《人鬼之間》，很薄的一本，寫得像詩一樣流暢，我完全被震撼了。那是一個寒冷的冬天，我當時已經寫作了，還沒有發表作品，正在飽嘗退稿的悲哀，我讀到了胡安·魯爾福，我在那個傷心的夜晚失眠了。然後我又讀了他的短篇小說集《燃燒的平原》，我至今記得他寫到一群被打敗的土匪跑到了一個山坡上，天色快要黑了。土匪的頭子伸出手去清點那些殘兵們，魯爾福使用了這樣的比喻，說他像是在清點口袋裡的錢幣。

楊紹斌：最後一個問題，假如可能的話，在你閱讀過的文學作品中，你願意成為哪一部作品的作者？

余華：我願意成為《聖經》的作者。但是給我一萬年的時間，我也寫不出來。

一九九八年十月二十二日

火焰的祕密心臟

童年是人的一生的基礎

洪治綱（杭州師範大學人文學院院長）：為了完善《余華評傳》中的一些具體資料，最近，我到海鹽和嘉興去做了一些採訪。聽你的父母和一些早年的朋友說，你在讀中學時就已經喜歡寫作了，而且還寫得不錯，常常得到老師的表揚。你能否談談當時的一些具體情況？

余華：其實，在小學的時候，我就覺得我的作文寫得不錯，但是呢，那時候的語文老師，不知道是出於什麼原因，就是不喜歡我的作文。一個學期寫四、五篇作文，每次都給我一個「良」，從來不給我「優」。可是呢，老師在課堂上要舉例子，說誰的文章哪段寫得好的時候，他舉的總是我的例子，這讓我感到很奇怪。

洪治綱：那時候，你對作文是不是很有興趣？

余華：興趣倒也談不上。反正我一學期寫四、五篇作文都是「良」，所以我也沒有太在意。但是，到了初中馬上不一樣了。讀初一的時候，我的語文老師叫韓暉，是個女老師，也是我們的副班主任。那時候一個學期也是寫四、五篇作文，結果每篇都被韓老師作為範文，在課堂上讀給同學們聽，告訴他們寫作文應該要像我這樣寫。應該說她是第一個對我的作文有比較公正態度的人。她挺喜歡我，我記得她曾跟我父母說過，這個孩子怎麼怎麼好，讓我比較得意。到了初二，語文老師叫陳甯安，他對我的作文也比較讚賞。進了高中以後，當時高中不就兩年嘛，語文老師是何成穆。他使我一生中第一次「當官」了——讓我做語文課代表。現在回想起來，好像也是我迄今為止做得比較大的「官」了。當時，有部電影叫《春苗》，放映之後，北京又出了個「黃帥事件」，大批「師道尊嚴」，所以，我們就成立了一個「春苗小組」，由我發起的，專門出黑板報。

那時候我們太無聊了，又不願意上課，對寫大字報已經沒有什麼太大的興趣了，所以主要是出黑板報。我們「春苗小組」，其實就是寫一些所謂的批判文章，從《人民日報》、《浙江日報》上抄一些文章而已。

洪治綱：好像還編過什麼報紙之類的吧？

余華：對。當時有學工、學農和學軍，像高中生學軍，有時一出去就是五、六天，學軍期間要出《學軍快報》。我印象很深的是，有次我們去澉浦學軍，當時何成穆老師還是我們的年級組組長，他很喜歡我，我的寫作也小有名氣，他就封我為《學軍快報》負責人，然後讓我招一個助手，我就招了當時我最好的一個朋友，叫姬漢民，然後又招了一個會用蠟板刻字的，叫朱學範，我們三個人占著一個小房間。每天，主要是我和姬漢民兩個人寫稿，當然我們也讓其他一些同學們幫著寫稿，然後我們修改一下，在《學軍快報》上發表。朱學範負責刻字，用油印機印刷。每天一張。因為自己的文章太多，我當時還用了一個筆名，叫畢獻文，這也是我到現在為止唯一一次用過的筆名。

洪治綱：有一個奇怪的現象是，很多作家對自己的童年生活都有著一種不自覺的依戀。像馬奎斯、福克納（William Cuthbert Faulkner）、卡夫卡、胡安·魯爾福等等，可以說，童年記憶對他們的創作都產生了極深的影響。這種影響，無論是自覺還是不自覺，都會在他們的作品中表現出來。即使是他們後來並不在故鄉而是在其他地方生活和寫作，這種童年記憶好像也始終沒有被拋棄。尤其是他們幼年時代生活過的那種地域文化風情，那種民間的語言和形象，都可以在他們的作品中找到影子，好像這是無法改變的。從你的作品中，我也能感覺到那種柔軟而又潮濕的江南小城的味道。我不知道，這種東西對於一個作家來說，是一種自覺的選擇，還是一種非自覺的選擇？

余華：這個，兩者都有，自覺和不自覺的。我覺得，童年生活對一個人來說是一個根本性的選擇，沒有第二或第三種選擇的可能。因為一個人的童年，給你帶來了一種什麼樣的東西，是一個人和這個世界的一生的關係的基礎。我們從母親的子宮裡出來以後，面對這個世界，慢慢地看到了天空，看到了房子，看到了樹，看到了各種各樣我們的同類，然後別人會告訴我們這是天空，這是房子……這就是最早來到一個人的內心中並構成那個世界的圖畫。今後你可能會對這個世界有不同的認識，但是你的基礎是不會改變的；你對人和社會可能會有更進一步的理解，但你對人的最起碼的看法是不會改變的。所以，我認為這是一種最根本的連接，誰也沒法改變。當一個作家的童年和少年時期在一個地方成長，假如說他不是總在變動，譬如西方的某些外交官的子女，中國文革期間的很多軍人子女，會不斷地變換地域，但這畢竟是少數，對大多數像我這樣的作家，跟福克納有些近似。我比福克納更進了一步，我三十歲以後到北京來定居，福克納一輩子都在密西西比。因為喜歡福克納，我還曾特地到密西西比住了三天。那地方真是很小。以前我一直感到費解，福克納作為一個作家是偉大的，但作為一個人，在我的印象中，他一直是個愛吹牛皮的，他怎麼會謙虛，說自己只是寫了像郵票一樣大的地方，結果我去了之後，發現那地方比郵票還小，他還是在吹牛。

洪治綱：你的意思是說，一個作家很重要的基礎，就是人與世界關係形成的最初階段，而這，往往是在他的童年和少年時代？

余華：我們對世界最初的認識都是來自童年，而我們今後對世界的感受，對世界的想像力，無非是像電腦中的軟體升級一樣，其基礎是不會變的。我們不斷地去升級，但每一次升級都會受到它的基礎的限制，不會脫離那個基礎。你一旦脫離基礎，那就不是升級了，可能產生出另外的產品了，那就跟原來的電腦和軟體都無關了。作家和童年的關係，就是這樣。

洪治綱：對於這種童年生活中的東西，我們小的時候，並不是帶著有意識的理解去體會其中的文化特質。我們也不知道，自己將來會不會成為一個作家，並且我們小的時候，一般的生存空間都是很小的，很貧乏的，相對來說，也沒有多少很奇特的東西。但是，一旦到了成熟的時候，開始寫作的時候，它們為什麼就有一種很強的控制力量，讓你常常不自覺地進入當初的那種情景當中？無論是人物的命運啊，故事情節啊，總會很自然地進入到這個情境裡，這裡面是否存在著一種藝術家內在的生命向力，使你很自然的陷入其中，無法超越那種童年記憶的制約？

余華：不僅僅是藝術家，我認為每個人都會這樣。假如要從事寫作的話，他肯定要寫到人物，寫到街道，寫到河流，寫到房屋的結構，寫到睡在床上的感覺，寫到他游泳的感覺。這個時候，他肯定要到他的生活中，他的記憶中，他的感受中去尋找一種把握，使他能夠在寫這些東西時有膽量把它寫下來，否則他就不敢寫。所以寫作，我覺得它與其他行業有所不同的是，可能他寫的命運，他寫的故事，是他自己沒有經歷的，但是組成這些故事的命運，組成整個故事情節的發展的那些細部，都應該是他知道的，否則他就不會寫出特別的感受，就是瞎編而已。

洪治綱：你強調的是不是一種記憶？一個作家為什麼自覺不自覺的去留戀他童年時代的生存環境，實際上是一個作家的寫作過程中，會很自然很習慣地運用他以前的那種記憶，是不是？

余華：記憶太重要了。

洪治綱：比如說你現在在北京生活已經十年了。但是到現在為止，我還沒有讀到過你正兒八經的寫北京文化的小說，類似於王朔那種典型的帶著北京文化語境的作品。應該說，從經驗的層面上來說，你也有了。十來年下來，北京人的說話方式，生活方式，以及那種市民的生活氣息，你應該也比較熟悉了。但是，同樣是一種生活經驗，經驗與記憶之間，相對來說，你覺得是記憶重要，還是經驗重要？或者說，哪個更重要？

余華：這兩者之間的關係，有時很難區分。

洪治綱：我們就從地域文化這個角度上來說吧，因為經驗是可以不斷地獲得的。

余華：經驗雖然可以不斷獲得，可是經驗也有一個基礎。就是說，二十年前的東西我可以成為記憶，但現在的東西同樣可以成為記憶。但是，二十年前的記憶，它們能成為一種基礎，而現在的記憶可能只是作為一種延伸而已。我也一樣。我童年的經驗對我來說是一種基礎，我昨天的經驗只是一種延伸。我覺得，它們之間的關係，永遠是一種唇齒相依的關係。因為過去的經驗或者說過去的記憶，假如沒有今天的經驗或記憶，或者確切地說，沒有以後的經驗或記憶去重新把它們尋找出來，那麼過去的經驗或記憶只是在沉睡，是永遠沒有意義的。我通過後來的經驗和記憶，把它們重新找回來了，顯然就有了新的意義，但是它的這個基礎是不會變的。

洪治綱：就是說，童年的記憶只是一個基礎，它並不是原封不動的。

余華：無論是童年記憶也好，或者說經驗也好，都是敞開的。它們永遠是有待於去完成的，而不是封閉的。可以說，從我二十歲一直到四十歲，這二十年的經驗或記憶，都是在完成我童年的、最初的對世界的印象，我是在不斷地豐富它和補充它，我並不是要改變它，我也不可能改變它。

洪治綱：你覺得你是有意識地去這樣做，還是本身就無法超越？

余華：我覺得所有人都沒有辦法超越。無論是政治家，科學家，藝術家，還是作家，都是無法超越的，甚至是一個普通的人，他都無法超越。事實上，我感覺到，一個人的童年基本上是抓住了一個人的一生。他的一生都跟著它的童年走。他後來的所有一切都只是為了補充童年，或者說是補充他的生命。因為他的生命誕生以後，不可能再有第二次誕生，除非複製，現在的技術不一樣了。

洪治綱：我想，當你自覺或不自覺地表現你童年中有關海鹽的南方記憶時，你覺得那裡面是否有一種自然的靈感？

余華：那肯定有。我感覺最美的不是我現在的海鹽，而是留在我童年記憶中的海鹽。隨著我的年齡愈老，我愈覺得它美。但是，那是已經消失了的海鹽，現在已經看不到了。

洪治綱：這種美，如果從你的內心來體驗，你覺得它應該有哪些不同於其他地方的特質？

余華：有一種陌生感。跟其他的地方相比，我覺得比較困難。比如說跟北京比、跟巴黎比、跟紐約比，這種比較是很困難的。因為它們本身就是不一樣的。但是，我感到有一種陌生感，這種陌生感是我後來發現的。九六年的時候，中央電視台的「東方之子」做過我的一個專題，那時候，剛好是全國作代會召開，他們要找六個作家，每人搞兩集。他們做得很認真，專門有一個攝影師，到海鹽去拍了一些外景，我沒有去，他自己一個人扛著機器去的，從北京飛到海鹽去拍。他拍了我們海鹽唯一一條還沒有拆的街，叫南塘街。但是這個系列專題播放的時候，作代會開到一半，播了前面三個作家，播到第三個陳村時，作代會的很多老作家就提抗議：他們為什麼不拍老作家？結果東方時空就停播了後面三個專題。以後他們播的時候，我又沒有看到這個片子。後來，東方時空又做了一個特別節目，他們從二十多個行業中挑了二十多個人來談「我的夢想」。這次我很認真地看了。編導告訴我，這個專題中用了以前節目裡南塘街的鏡頭。南塘街是我非常熟悉的一條街，我有很多同學就住在那裡，我經常去玩，結果我這次從電視裡看到的南塘街，跟我記憶中的已經完全不一樣了。所以，我發現我的記憶已經不可靠了。事實上，包括我離開海鹽之前，我青年時、童年時對南塘街的記憶，經過這十年、二十年，不斷地被修改了。所以，童年不是一成不變的，童年的記憶是不斷在發展變化的。看了電視裡的南塘街，我當時就跟陳虹說，怎麼不是我的南塘街啊，完全不一樣，後來我相信電視是對的，因為它是用攝像機，從頭到尾拍過去，又從各種角度拍過來，播放了大概有一分鐘的時間，就是為了播放我過去的生活環境。所以，我認為，人在成年以後，新的經驗其實是在不斷修改他的童年記憶。

洪治綱：很多作家在表現這種童年記憶或者地域文化時，比如福克納、馬奎斯，他們會使用一些具有很強地方特色的故事，或者方言俚語，或者典故傳說……等等，但是在你的作品裡，這類東西好像並不多。至少，方言我是比較敏感的，但我看到的方言俚語也很少。在處理童年經驗，或者說處理地域文化時，尤其是在選擇語言表達時，你是不是覺得對童年記憶的處理必須有所保留？

余華：應該說，我的家鄉海鹽是屬於語言霸權之外的，甚至杭州話都要比海鹽話牛，比海鹽話讓人更加自豪。當然北京話更牛，因為它是中國的官方語言。我在美國曾訪問過福克納研究專家，他們就說福克納寫的很多書，美國的北方人不少地方看不懂，福克納用方言是用得很多。我不敢用，我怕讀者看不懂。如果我用我們海鹽的方言寫作，它會出現一個什麼問題？可能連杭州人都看不懂，方言的發音會讓一堆錯別字拼湊在一起。福克納是密西西比人，福克納寫的方言，田納西人還能看得懂。我們浙江的方言太多太複雜，溫州人說話，我們嘉興這邊的人一點也聽不懂。

洪治綱：這說明，我們的地域文化交流圈太小了。

余華：在我們海鹽，我從武原鎮出去走三、四公里，有的地方話就不一樣了，甚至連「吃飯」之類的詞都不一樣了。所以，我們的語言有點像美國印第安人的語言。現在的印第安人有二十多個部落，每個部落的語言都不一樣。

洪治綱：他們本身就不能形成一種統一的文化。

余華：他們首先在語言上不能統一的話，他們也就無法強大。所以，為什麼語言分得愈細的國家，往往容易被人欺負，因為他們本身的那種生活習慣，從根本上就造成了不統一。

洪治綱：我覺得，在你的小說裡，南方的文化氣息非常濃厚。特別是你寫的那些小人物，非常切合那種生活環境。像反覆出現的潮濕啊、雨水啊、河流啊……整個就是一種水鄉的環境。如果沒有這種水鄉，我覺得你的小說會損失很多美學上的成分。你自己有沒有意識到，這種地域文化對你的小說內容和主題都作了很重要的補充？

余華：肯定是這樣的。對我來說，我的作品裡所有的場景，我認為都是發生在我的地域裡面，我無法想像它們會到另外一個地方去。哪怕是發生在另外地方的故事，我知道了以後，也會搬到我自己的故鄉去，就像住在家裡一樣。這種情形，就像你到街上買了一樣東西以後，你不可能把它放在車站裡，而不拿回家，這是一種不可抗拒的心理反應。除此之外，不可能有第二個選擇。其實，很多作家都是這樣，比如說魯迅，他寫的就是紹興，紹興的味道多重啊。

洪治綱：這種來自童年記憶的地域文化是脫離不了的。

余華：脫離不了，沒法脫離。像魯迅，哪怕他寫酒樓的那種感覺，就是紹興的酒樓，絕對不是杭州的酒樓。

洪治綱：這是一種很奇怪的現象，為什麼一個作家的童年記憶對他的影響這麼大？可能和你講的那樣，這種童年記憶，是他們最初建立起來的人與世界的一種關係、一個基礎吧。

余華：最起碼的是，我們穿衣服的方法是童年學會的，我們吃飯的方法，我們說話的方法，這都是童年形成的。它們一起構成了我們生活的基礎。當然，有意識地關注自己的童年記憶，這種情況肯定也是存在的。就是說，在你的意識當中，你肯定是主動的，就像買了東西要主動地拿回家一樣，這是一種自然的反應，甚至是不可抗拒的。

閱讀對我的寫作有著重要的影響

洪治綱：除了自身的經歷之外，我覺得，像你，或者說像你們這一代作家，都受過很多外國作家的影響。特別是九五年之後，你幾乎放棄了小說寫作，專門寫了很多談外國作家作品、談音樂的隨筆，我不知道，當時你是不是有意識地進行這方面的知識儲備？

余華：《許三觀賣血記》寫完之後，我又開始寫一個長篇。但怎麼寫都不順，後來就擱下來了。那時候是九六年，剛好汪暉去《讀書》當主編。他約我為《讀書》寫點讀書方面的文章，我就給他寫了一篇〈布爾加科夫與《大師與瑪格麗特》〉。當時汪暉特別喜歡，將這篇文章發了頭條。後來這期雜誌出來了，得到了一片讚揚聲。結果我又陸陸續續給他寫隨筆了。我發現人在任何時間都需要鼓勵的，鼓勵很重要。那時候我還沒有完全想寫隨筆，但是這麼一鼓勵，我就高興地去寫隨筆了。

洪治綱：後來幾年都專寫隨筆。

余華：對。這些隨筆後來結成了兩本集子，《內心之死》和《高潮》。

洪治綱：這是不是說，閱讀在你的創作中占有很重要的成分？你的很多敘事的經驗，很多對人性的看法，都是來源於閱讀？我發現，你所讀到的很多作品，特別是在你的隨筆裡所談到的一些作家作品，常常游離於公眾比較關注的作家作品之外，不知道你是如何去發現這些作家作品的？

余華：蘇童對我的評價說是我記憶力好。其實我的記憶並不好。他說，你寫的文章裡面有很多東西他都讀過，可他當初感覺很好，後來就忘了。我說我要是不寫隨筆，我也想不起來了，波赫士（Jorge Luis Borges）的那個比喻，可以說是我讀到現在為止所有文學作品裡面我最喜愛的比喻之一，寫達米安死的時候，寫他在荒原上消失的時候，「彷彿水消失在水中」，還有什麼比這個更乾淨的消失呢？波赫士的作品我非常喜歡，他語言簡潔，所以我特意寫了一篇隨筆叫〈博爾赫斯（波赫士）的現實〉。

洪治綱：從這篇隨筆中，我發現你對波赫士的作品好像讀得很透。

余華：他的東西，能看到的我基本上都讀過。我看到有一篇文章，是編輯他英語詩歌集的喬瓦尼寫的，其中說波赫士喜歡不斷地修改自己過去的舊詩作，他的所有修改都是不斷地去除語言中的巴洛克的裝飾性，表現出他對平常詞彙的更多關心，這是非常重要的。波赫士有這樣一種本領，讓我很羨慕。

洪治綱：波赫士一般人都知道，但是，像布爾加科夫，你是怎麼發現的呢？

余華：布爾加科夫是格非向我推薦的，當時我也跟你一樣，從來不知道有這麼一個作家，格非告訴我，人民文學出版社出過他的一本小說。後來我從人民文學出版社一個編輯劉海虹那裡找到了他的《大師與瑪格麗特》，讀完以後，我感觸太深了，第一次發現社會主義國家裡出現了一位文學大師。

洪治綱：後來作家出版社一共出了五本他的作品，而且就是你的那篇談《大師與瑪格麗特》的隨筆在《讀書》發表之後，在這之前，很多人都不太知道布爾加科夫。

余華：這個作家確實不得了。

洪治綱：讀你的隨筆，我發現你對很多作品的闡釋，跟一般人的體會完全不一樣。你往往能夠從一些不經意的地方，發現一些我們通常閱讀上難以發現的奇妙內涵，包括一些獨到的體會和感受，這是不是跟你作為一個專業作家的閱讀方式有很大關係？

余華：故事人人都會編，都可以編出一個離奇的故事。但是，同樣一個吸引人的故事，換一個人去寫就不一定吸引人，問題在哪兒呢？問題就在於那些不經意的地方，他沒有捕捉到，他不是一個好作家。在我們認為不經意的地方，他往往能夠顯示出他的偉大來。比如尤瑟娜（Marguerite Yourcenar）有一部小說，她寫人頭被砍下來以後，頭掉在地上，結果那個人頭又按到脖子上來了，這是一個奇妙的小說，尤瑟娜作為一個好作家，她與差作家的區別在哪裡？就像魯迅寫孔乙己來的時候，他要是腿不斷，就不用寫他走來，他腿斷了，魯迅就必須寫，那麼怎麼寫，他就用這種方式寫——原來是用那雙手走來的。尤瑟娜也一樣，她寫那個人的頭被砍下之後，流了血之後，又按上去，這個人重新回來的時候，脖子上圍了一塊奇怪的紅色圍巾，這個象徵著鮮血，這一筆，這個增加上去的道具，表達了文學中的他異性，這是非常了不起的。奇士勞斯基（Krzysztof Kieślowski）的電影《十誡》（*Dekalog*）中的《殺誡》，也是這樣。有一個小夥子，十六、七歲，想殺人，他就是想殺人，但他不知道該殺誰，最後他殺了一個計程車司機。你知道他怎麼上計程車的？在波蘭華沙的大街上，有那麼多的計程車，他怎麼就挑中這一輛呢？我們都知道，在通常情況下，我們上了計程車，馬上面臨一個邏輯性的問題，計程車司機會問你去哪兒，你怎麼回答？我要是逛街，我會說你給我開車兜一圈，我要是想去一個地方，我就告訴他去哪一條路，可是我要殺人，我怎麼回答？這個大導演是怎麼安排的？他讓那個小夥子上車之前，碰到兩個外地人來問他一個地名，他說不知道，其實他知道。然後他把他們推開，坐進車裡，當那個大胖子司機問他去哪兒，他脫口而出地回答剛才那兩個人問他的地名！這種轉折，就是在這種地方，你看起來好像不是關鍵的地方，其實十分關鍵！

洪治綱：這種地方看起來不經意，其實決定了整個小說的情節轉向。就是說，它包含了一種邏輯轉折問題。

余華：對。就像我在〈山魯佐德的故事〉裡說的一樣，這種不起眼的地方，其實決定了今後的高潮是否札實有力。所以，我在那篇隨筆的最後引用了賀拉斯（Quintus Horatius Flaccus）的一句詩，就是說，對於一部文學作品來說，高潮部分很可能就是阿拉伯堆滿珠寶的皇宮，而那個小小的、不經意的東西，就是麗西尼的一根頭髮。但是，對那些真正識貨的人來說，那些珠寶肯定抵不上麗西尼的一根頭髮。它們就是這樣一種關係。

洪治綱：這就是說，你在閱讀的時候，往往注重的是那些不經意、不起眼的地方，你是從哪些不經意的地方來判斷大師的藝術水準？

余華：為什麼呢？這好比我們建立了一個故事大廈，那個故事大廈是怎麼建立的？應該是用磚砌起來的。你用的是什麼磚？你用什麼方法去砌？有很多人砌得歪歪斜斜的。可以說，百分之九十九點九、九、九……無數小數點的作家，都是這樣的，而只有百分之零點零、零、零……很多小數點之後的一，才是不一樣的。所以你讀那些偉大的作品，經常在那些小地方被它深深地震撼了，就是有這種感覺。那才是大師。

洪治綱：實際上，你在看人和人的命運的時候，在處理人的生命狀態的時候，或者說在確立敘事哲學的時候，其中很大的一個成分就是來自這種精細的閱讀，對吧？

余華：有閱讀。有一次，我跟蘇童兩個人在台北，《中國時報》編輯楊澤拉我們到一個很大的礁石上的茶座裡聊天，深更半夜了，我們又都沒有睡好，睏得不得了，然後我們就談自己喜愛的作品。我發現我跟蘇童所喜愛的作品在許多地方不一樣，蘇童就說了一句「余華喜愛的是很強烈的東西」。我發現蘇童說的是對的，我確實喜歡比較強烈的東西，而蘇童是喜歡比較平靜的，喜歡那種比較寧靜的作品。我喜歡的作家，像卡夫卡，杜思妥也夫斯基，包括福克納，都是很強烈的作家，而蘇童喜愛雷蒙德・卡佛（Raymond Carver），說實話我對這個作家不是那麼喜歡。

洪治綱：你有一本隨筆集是專門談音樂的，而且談得非常準確，有很多自己的獨特體驗。並且，你也公開地說，音樂影響了你的寫作。這種影響，主要表現在哪些方面？

余華：我覺得音樂在敘述上能給人許多的幫助。寫《許三觀賣血記》的時候，我就親身經歷了這種感受。我是九三年真正地迷戀上古典音樂的，我的全面的文學底子給我打了良好的基礎，因為藝術是相通的，所以我欣賞音樂的時候，我可以非常快地進入，而且沒有絲毫的障礙。那個時候，對我產生很大的影響的，是巴哈（Johann Bach）的音樂。

洪治綱：這在《許三觀賣血記》中體現得比較明顯，尤其是整個敘述節奏的不斷往返和重複，起伏和回落，都非常單純。

余華：我非常喜歡這樣。巴哈是這樣一個作曲家，他是那個時代最世俗的一個作曲家，可是到了後來人的眼裡他卻是最神聖的。巴哈就是這樣的。我尤其喜歡他的兩部作品，一部是《平均律》，音樂上的術語叫鋼琴奏鳴曲；另一個就是他的《馬太受難曲》，《馬太受難曲》是一部大作品。兩部作品的風格都是一樣的，極其單純，也極其有力。《馬太受難曲》我聽的那個版本有將近三個小時，大概裡面的旋律也只有一首歌多一點，不到兩首歌，翻來覆去，獨唱，對唱，合唱，男聲的合唱，女聲的合唱，男女聲的合唱，通過這種交換，你會發現充滿了力量。這時你就會感覺到，單純是非常有力的，它能夠用最快的速度進入到人的內心。所以我為什麼非常喜歡魯迅，我就喜歡魯迅作品中的速度，他的速度不僅存在於敘述中，敘述非常地快，迅速，同時也存在於閱讀中，你能夠一下子就進入了，感到就像是一把匕首插進來，沒有任何多餘的東西，什麼磨磨刀啊，晃一晃啊，嚇唬嚇唬啊，說一些廢話，沒那麼多，直接就進來了。

洪治綱：這就是說，在音樂裡面，你其實感受更多的是跟敘述相關的那些節奏、速度之類。

余華：不僅僅這些。我為什麼喜愛音樂，因為我認為音樂也是一種敘述性的作品。它和文學作品一樣，它是流動的。但是，我為什麼更願意到音樂裡去體會一些敘述的美妙呢，因為你要是去讀《戰爭與和平》，去了解它的敘述結構，一個月都做不來，腦子裡會很亂，但是你要是聽一部偉大的音樂作品，也就是幾個小時就聽完了，而且你是在享受中聽完的，很輕鬆地，你就了解了它的敘述力量是怎麼產生的。

洪治綱：實際上你的後期作品，很多敘述都比較輕逸、迅捷、單純，這可能是跟音樂本身有關吧。音樂作品，我想最複雜的一部音樂作品，包括交響樂，從敘述的角度來說，都應該是屬於比較單純的。

余華：因為它需要一種更直接的聽覺、聲音來表達，它們的關係不像是閱讀，借助目光，通過大腦，這種關係要稍微複雜一些。

洪治綱：包括音樂，包括很多重要作家的作品，你現在都在認真地欣賞和體會，並且還在這些方面寫了大量的隨筆。從這些隨筆中可以看出，你一直在很認真地進行一些新的文化積累。像這些積累，會不會對你將來的創作產生比較大的影響？

余華：我覺得會產生非常好的影響。因為我又重讀了過去很多重要作品的篇章，甚至可以說是原著重讀，包括《城堡》（*Das Schloß*），我就是重讀的，而且我的閱讀感受有不少的變化，過去我迷戀的東西，有些我依然迷戀，有些我現在反思了。像這樣的話，我相信我現在正在寫的那部長篇小說，它可能更加要花力氣，但是我相信寫出來以後，會顯得更沒有力氣感。它就是屬於這樣一種作品。

洪治綱：就是說，作為作家在敘述中的痕跡更少一點，而在實際敘述的過程中你卻更艱難一些，更累一些。

余華：更艱難一點，就跟《許三觀賣血記》一樣，別人說，你這部作品寫得很輕鬆啊，我說不輕鬆，因為我要把這種風格保持下去，這不是件容易的事情。

寫作最大的難度在於樸素和誠實

洪治綱：從最早的《第一宿舍》、《星星》，到後來的〈十八歲出門遠行〉、《現實一種》，再到後來的《活著》、《許三觀賣血記》，應該說，你的創作經歷了幾個不同時期的變化和超越。你是如何看待自己這幾個不同時期的作品？

余華：不同的時期，一個作家可能會寫出不同的作品。我很喜歡我自己一九八〇年代的那些作品。最近，上海文藝出版社出版了我的作品系列，我又回過頭來翻翻過去的那些東西，我還是很喜歡。但是，寫作是應該一直往前走的。我在一九八〇年代寫的那些作品，其中一個優點就是，它們讓我完全掌握了我所需要的一種敘述，就是我寫什麼都行。

洪治綱：這是不是卡夫卡給你帶來的啟示？

余華：卡夫卡給我帶來的那種感覺，好像是「小偷」變成了「大盜」。以前，我覺得自己還僅僅是個「小偷」，所有的技術只能滿足於「小偷小摸」，充其量，也就是能做到不留痕跡。但是，讀了卡夫卡之後，才明白人家才是一個無所畏懼的「汪洋大盜」，什麼都能寫，沒有任何拘束。所以，從那以後，我找到了那種無所羈絆的敘事和天馬行空的想像，找到了那種「大盜」的精彩感覺。

洪治綱：這一點你曾多次強調，你甚至說是「拯救」了你。你覺得這種「拯救」主要體現在哪些方面？

余華：我是在八五年接觸卡夫卡小說的。在此之前是日本的川端康成，我覺得他給我的最大幫助是教會了我如何敘述，就是在面對細部時，如何來表達一種微妙的東西。表達一種大起大落的情感是容易的，可是你要表達一種微妙的東西——微妙的情感往往更豐富——但表達起來比較困難。所以我覺得川端康成教會了我，起碼是作為一個榜樣，讓我知道怎麼寫。而卡夫卡對我的影響已經不是僅僅局限在文學上，是整個世界觀的改變。從根本上說，他給我帶來了自由，寫作的自由。在我的心裡，他是一個大作家。大作家可以「亂寫」，他愛怎麼寫就怎麼寫。

洪治綱：這種寫作的自由，其實就是一種突破了現實秩序的羈絆，使你可以不受我們日常生活經驗和常識的規定，不受邏輯規則的限制，讓敘事真正地回到作家的主體內心之中。

余華：對。我突然感覺到，自己願意怎麼寫就怎麼寫，我不用去考慮刊物怎麼想，讀者怎麼想，只要它能夠調動我個人的激情，我認為就是最好的方法。所以，讀了卡夫卡之後，從〈十八歲出門遠行〉到《祖先》等一大批作品，都是一種自由寫作的產物。

洪治綱：從你的寫作過程看，從短篇到中篇再到長篇，好像按部就班，這是不是你自己有意識的安排？

余華：這倒不是。那個時候幾乎所有作家都是先寫短篇，再寫中篇，然後再寫長篇，這樣一步步來的。當我覺得短篇寫得差不多的時候，就開始寫中篇，中篇覺得寫得差不多的時候就要寫長篇了。所以《呼喊與細雨》其實最早就是寫一部長篇，就這樣的一個想法。

洪治綱：《一九八六年》這部中篇，我一開始是把它當作寓言小說來讀的，因為它有一種很強的文革背景。這種寓言性，至少表現在兩個方面：一個是，《一九八六年》這個題目就存在非常明鮮的隱喻意味。文化大革命是一九六六年發動的，一九七六年結束的，一九八六是文革結束十年。十年之後，還有這麼一個教歷史的老師，還在用種種歷史的酷刑進行自戕，比如說，他在自我實施「劓刑」的時候，用鋼鋸條鋸自己的鼻子時，就像吹著悠揚的口琴，那種狀態讓我很受震動。有很多寫文革的小說，都喜歡站在知識分子的立場上進行正面表達，寫知識分子如何受難啊，「我」當時是怎麼受冤屈的啊，這種寫作思維很長一段時間都沒什麼變化。但是在《一九八六年》裡，我覺得以前寫文革經歷的那種思維方式完全被拋棄了。你把對人性的傷害推到了一種極致上。文革結束十年之後，這個人還在這裡用種種酷刑來自戕，雖然他是精神病，但是他得病的原因是文革的迫害。特別是，一大堆人圍在他身邊津津樂道地看他殘酷的表演，包括他的前妻和女兒，看到他也假裝不認識，然後匆匆地走掉了。這種人與人之間的冷漠，看客與悲劇主角之間的相互遺忘，就是一個很強的寓言。再一個寓言傾向，就是那個瘋子。他是學歷史的，教歷史的，歷史上的種種事件，種種酷刑，他都非常熟悉。然後，他又通過種種他所熟悉的中國傳統歷史酷刑來進行自戕。雖然他的自我傷害是無意識的，但是從本質上說，他之所以做出這些殘酷的舉動，是歷史造成的，是歷史給了他這種潛意識。這兩種寓言傾向，一下子就使這部中篇超越了以前的那些文革小說。我當時就在想，你是不是有意識地想要寫一部超越於一般文革小說的作品？還是你本身就體會到你記憶中的人物就是這樣的？

余華：這部作品是一九八六年寫的。八六年的時候，還是一個作家比較關注寫作題材的時代，我也不能免俗，所以，那個時候我就一直想寫文革，但一直寫不了。然後呢，那個時候作家們都很聰明，好像只有聰明的作家才能夠出名——當然現在也依然一樣，但是最後能成為大師的作家，往往是很笨拙的，很厚道的。但是，就像你所說的，那時候我是有意識要這樣做，我想用一種獨特的方式，別人都沒有的方式來表達文革，所以那並不是我的記憶。

洪治綱：文革時期，你應該正好是處在文化啟蒙的階段。

余華：我寫《一九八六年》的時候，剛好二十六歲。那個時候讓我最難忘的是，我們海鹽也有，我去峨眉山、去杭州靈隱這些地方遊玩時也都能夠看到，有些文革中被迫害成精神病的人，他們還在那兒讀毛主席語錄，喊「打倒劉少奇」之類的口號。我估計他們的一生可能就這樣度過了，瘋了啊。他們就是文革的時候被摧殘成精神病的，以後就只知道大聲地讀毛主席語錄，唱那種語錄歌。從八四年一直到八六年這幾年間，我幾乎是到任何一個景點，就能看有這樣的人，這也給我造成了一個寫作基礎。所以，我就想通過這樣的人來寫文革。對他們來說，文革永遠不會過去，或者對我們這一代人的記憶來說，文革也永遠不會過去。我們可以忘了它，但是它不會過去。《一九八六年》是我寫的第一部中篇小說，以前我從來沒有寫過這樣的中篇，不知道該怎麼寫。

洪治綱：《現實一種》好像是在《一九八六年》之前吧？

余華：之後，因為《一九八六年》是《收穫》第六期發的。我對我那個時期的作品記得很清楚。

洪治綱：《現實一種》是發在《北京文學》。

余華：對，發在八八年第一期。但是，它們為什麼靠得那麼近呢，是有原因的。《一九八六年》這部小說原來也是給《北京文學》的，當時林斤瀾和李陀都很喜歡，當時遇到一個情況，就是胡耀邦辭職了。胡耀邦辭職以後，就是「清汙」之後又有個「反資」，反對資產階級自由化，《北京文學》不敢發了，撤了。一直到趙紫陽重新將局面撥過來以後，改成《收穫》八七年第六期發表，其實本來應該是在《北京文學》八七年第二期發表的，然後就往後推了。就是這麼個原因。

洪治綱：大概從《一個地主的死》開始，我覺得，你後來的作品明顯地更注重那種樸素的敘述方法了，特別是跟以前的作品相比，有很大的區別。前期的作品，從敘述策略上看，比較注重技術性，比如說你想表現那些人性的暴力、罪惡、醜陋，往往都是用一種強悍的語言去表述，包括設置一些緊張的情節啦，動用一種冷靜的敘事話語啦，血腥氣很濃，很殘酷。而你後期的作品，雖然內涵中還保留了那些東西，像人性的卑微，命運的絕望感之類，但是你卻改用了一種體恤性很強的語言來表述，有一種很溫暖的東西在裡面，而且整個敘述也變得非常質樸，簡單，好像是一種純粹的講故事，完全不同於前期的先鋒傾向。我不太明白，是什麼忽然讓你發生了這麼一種變化？

余華：還是敘述在指引著我走。我越來越相信，寫作是很有力量的，而且，隨著年齡的增長，我開始慢慢發現過去當我閱讀卡夫卡的作品，閱讀福克納的作品，閱讀馬奎斯的作品，閱讀莎士比亞的作品，閱讀蒙田的作品，我發現他們不僅是在寫作上、思想上影響了我，甚至還影響我的人生態度。後來我慢慢地發現，我自己寫下來的作品，包括像福貴和許三觀這樣的人，他們也在影響我的人生態度。所以，我覺得這是一件很有趣的事，包括像《活著》寫完已經十多年了，我現在回憶這部作品的時候，我發現跟回憶一部我過去讀過的作品一樣。我讀《安娜．卡列尼娜》也是這樣的感受，不同的是，對《活著》我知道得更多，而對《安娜．卡列尼娜》我知道得少一點。對我來說，它們似乎都不是我寫的，或者也可以說都是我寫的。一個人的閱讀有時也像寫作一樣，他的情感，他的智慧，他的各方面的生活經歷都參與進去了。所以，我相信寫作的力量。我的敘述變化，是因為寫作的力量使我改變的。最早的時候，像剛才說到，卡夫卡給我帶來了自由以後，我寫了〈十八歲出門遠行〉那麼一批作品。那個時候，我是一個強硬的敘述者，或者說是像「暴君」一樣的敘述者。我認為人物都是符號，人物都是我手裡的棋子。我在下圍棋的時候，我輸了，是我的意願要我輸的，我就這樣下。我贏了，也是因為我的意願要我這樣下的。寫《呼喊與細雨》的時候，這種敘述方式還沒有變，還是用過去的那種方式，就是那種我比較擅長的敘述方式在那兒寫。那個時候有一種感覺就是，人物有他自己的聲音。事實上，就像你剛才說的，在《一個地主的死》和《夏季颱風》中就已經出現了，我已經發現人物開始有它自己的聲音了。但那時我還比較牛，不讓他們發出聲音——你們發什麼聲音，你們不就是我編出來的嘛！你們都是我的世界裡的人物，我就是法律的制定者，我不需要你們討論通過的！我說的就是標準，我把這個字說錯了，你們誰都不能說把它說對。就是這樣一種關係。

洪治綱：那個時候，你可能還沒有真正讓人物命運或者情節自身去敘述，你可能也沒有意識到，這種讓人物自己敘述的方法其實更強悍、更有力量吧。

余華：對。那個時候，我感覺到這些都是符號，我要用它們來構造我的世界，而且，那個時候，我的作品都是很理性的，就是到了《呼喊與細雨》的時候，我就非常明顯地感覺到，這個人物怎麼老是有自己的聲音？敘述稍微放開一下，這種聲音就「呼呼呼」出來了。這個小說寫完以後，我還沒有很明確的意識，等到我寫《活著》的時候，這種感受就非常深了。剛開始寫我也是用過去的方法寫，但怎麼寫都不順，突然有一天，我改用第一人稱以後，一下就全部暢通了，它給人感覺到好像是河水自己在奔跑，嘩嘩地向前流淌。

洪治綱：但是，我讀《呼喊與細雨》，覺得它帶著某種自傳性的色彩，不知你當初有沒有意識到？

余華：其實，我寫的每一部作品都和我的生活有關。因為我的生活，並不僅僅是一種實實在在的經歷，它還有想像，有欲望，有看到的，聽到的，讀到的，有各種各樣的東西，這些都組成了我的生活。所以，我認為所有的作品都跟我的生活是有關的。只不過有些作品在形式上看，離我遠一點，像《活著》、《許三觀賣血記》，而《呼喊與細雨》看上去離我的生活更近一點，好像我是在寫自己。其實，《呼喊與細雨》裡有關我自己的成分，並不比《活著》和《許三觀賣血記》多多少。

洪治綱：在《許三觀賣血記》裡，我覺得敘述上有一種「誇飾」的成分，還不能說是誇張，而是比現實生活要稍稍地誇大了一些，帶有自嘲的特徵，比如許玉蘭的哭鬧啊，罵街啊，等等。在常人的想像裡，許玉蘭生了個私生子，她自己也應該感到很沒面子，但是呢，她吵起架來還是大聲地嚷嚷，與正常人的生活不太一樣。所以，我總覺得，這部小說的關鍵趣味就在這裡，你常常將那些最隱祕的關鍵部位撕得很開，又很特別，好像有一種無奈和自嘲的意味，但又不是一種真正的反諷。後來我反覆地想，這種類似於自嘲的誇飾方式，在排遣人物內心的那種恥辱、那種無奈時，恰恰是一種很有效的方式。

余華：這裡面還有一種人物自我調節的問題。談作品比較困難，談對人物的理解更容易一點。因為對我們兩個人來說，這部作品已經完成了。你是一個讀者，其實我也是一個讀者，我一邊寫一邊讀，無非是我讀得比你細一點，或者我讀得比你早一點。當我們來談這個人物，談許三觀，為什麼我這樣寫，我相信人物他需要自我調節，調節他的那種情感，包括像許玉蘭這樣的人，對你可能不熟，對我來說很熟悉。我小的時候，我們家的鄰居，整天就把她家的事情往外抖，一邊坐在門檻上哭，一邊向人家說。後來有個義大利的讀者告訴我，說在義大利南方的那不勒斯，像許玉蘭這樣的人很多。

洪治綱：這部小說一到了最關鍵的地方，你就特別用力，而且寫得很精細，很有震撼力。比如說何小勇要死了，他老婆來求許三觀，讓一樂替何小勇這個真正的爹去喊魂。這個地方，對於許三觀是最痛苦的了，因為這等於是要在全鎮的人面前公開他的這種生存祕密了，公開他的恥辱了，而作為男人的一個最基本的尊嚴，在許三觀那裡必須要徹底撕破了。這一節你卻寫得非常詳細，人性的許多東西，被徹底地撕開了。所以，許三觀一下子陷入了那種絕望和無助的境地，他沒有任何辦法回絕了。雖然那裡的人都不壞，但是在這種祕密被一層層地撕開後，他真的很絕望，感到做人很沒面子。他本來想掩蓋掩蓋，結果「喊魂」那一節，使他包括通過賣血所建立起來的、做父親的尊嚴一下子毀了。這種「叫魂」的情節，可能是你們那邊的一種風俗吧？

余華：我曾經碰到過這樣的事情，那是真的喊魂。因為我是在醫院裡長大的，我就遇到過好幾次，尤其是農村來的，他們經常半夜喊魂，哪裡喊得回去！

洪治綱：我覺得這一節寫得非常妙，情節設置也非常好，而且敘述也非常用力。

余華：其實，當一個作家敘述簡潔的時候，這個細部就顯得尤其重要，但你又不能把這個細部鋪滿，鋪滿就是囉嗦了。就是說，到了關鍵的時候，所謂的細節，就是在一個恰當的時機，在一個恰當的位置，增加了那麼一點東西，而你發現它不是多餘的，這就是細節。

洪治綱：包括許三觀一路賣血到上海的那個情節，應該是小說的最高潮了。

余華：本來我還認為這裡不是高潮，我覺得最後的那一段才是高潮，結果寫完之後，我才發現高潮在這兒！

洪治綱：《活著》和《許三觀賣血記》都顯得非常自然和樸素，好像沒有任何人工雕琢的痕跡，整個敘事都是貼著人物的身分，貼著人物的語氣，貼著人物的生活環境。在這種敘述裡面，我感受特別深的是，好像一些人類共同的東西表現得特別明顯。這也可能是外國導演看中《許三觀賣血記》的原因吧？

余華：可能吧。你想想看，一般情況下，一個導演去看一個外國作家的小說幹嘛？尤其是中國的，人家拍片子是很功利的，他曾給我發了個電子郵件，說他覺得這個故事不是一個中國民族的故事，它是有世界普遍意義的，所以他拍的話，也應該這樣拍。很多國外的讀者，尤其是讀到《活著》和《許三觀賣血記》這兩部作品時，他們很快就產生了共鳴。我認為，這是人性的原因，不是語言的原因，因為語言是不一樣的。

洪治綱：是人性當中那種共通的東西起作用了，產生了一種閱讀上的情感共鳴。

余華：就是你在寫作的時候，如何去表達它，用一種最準確的方式，表現它那種最動人的一面。所以，在一九八〇年代末，我就一再地強調，對一個作家來說，最重要的是準確，他一定要把自己要想寫的東西，用一種最準確的方式表達出來。那是最能夠感人、最能夠吸引人的一種手段。

洪治綱：應該說，像《活著》和《許三觀賣血記》，它們的一個最大特點就是樸素。我覺得，有的時候樸素的力量往往是其他的任何力量都無法戰勝的，非常強大。

余華：非常強大。這又回到剛才那個問題上了。你說我為什麼八六年寫下了〈十八歲出門遠行〉？〈十八歲出門遠行〉還是比較樸素的。我記得當初我到北京，拿著這個小說給李陀看，李陀那時是《北京文學》的副主編，林斤瀾是主編，他們兩個人看完以後都非常喜歡。老林跟我說，哎，寫得真好。李陀誇獎我，評價〈十八歲出門遠行〉時用了一個詞，說寫得這麼樸素，真好。那是八六年的時候，他就認為樸素很不容易了。所以，寫《活著》時，我就感覺到敘述對我的要求，我才這樣寫的，《許三觀賣血記》也是這樣，作家都是跟著敘述走的。這一點，我現在堅信不移了。所以呢，作家寫創作談之類的東西時，往往很容易，說我將要如何變變變，但是一旦繼續寫，他還是變不出來。很多作家都是在創作談裡談他是如何改變的，其實他是沒有變化的。

洪治綱：對。我也認為作家的創作談是不可信的。

余華：寫創作談多輕鬆啊。我跟你洪治綱談話，說我下一部作品要如何改變了，結果寫出來還是什麼都沒有變，你又不會把我斃了。

洪治綱：一般人都認為，你的前後期作品，從敘述方式上看，有很大的變化。但是實際上，我覺得，從思考的本質來看，從你對人的理解來看，還是一致的。

余華：實際上沒什麼變化。

洪治綱：不僅是沒什麼變化，實際上，你的後期作品比前期更殘酷。為什麼說呢，你前期的作品都是直接表現人性的惡，像《現實一種》，反正就是要想方設法讓兄弟互相殘殺，就是要表現一種令人驚悸的審美效果。但是呢，我讀《活著》的時候，卻不一樣了。我記得我當時真的很絕望，覺得你還是很殘酷，而且比以前更殘酷。你讓福貴的親人一個個地死掉，讓他最後一個能以沫相濡的外甥還死掉。在《許三觀賣血記》裡，許三觀一次次地賣血，特別是一樂還不是他自己的兒子，他還一次次地為他賣血，那種男人自尊心的摧殘，那種人物心裡的絕望、無助和無奈，都讓我覺得裡面還是滲透了殘酷。不同的地方，就是在後期作品裡，你把那些人物外在的惡，或者說人物言行上的惡剔掉了，而且剔得乾乾淨淨，但是敘述時，你還是把人物往絕望的地方推，往殘酷的地方推。像這樣一種表達，是不是意味著你對人性本身或者說對人本身有一種絕望？還是你很喜歡一種悲劇意識，喜歡那種充滿悲劇效果的審美方式？

余華：像《活著》和《許三觀賣血記》，我認為我是無意識的。因為我剛開始寫它們的時候，我都不知道他們後來的命運會怎麼樣。就這樣寫下去再說吧，就是屬於這種心態，因為我畢竟是有了十多年寫作經驗的人，我知道只要自己的感覺好，就可以往下寫，語言的選擇，人物命運的選擇，都是這樣的。

洪治綱：就是說，你在敘述當中，不自覺地感到人物的命運會往某種絕望的境域跑？

余華：應該是這樣。是福貴和許三觀自己的選擇，而不是我的選擇，如果要問他們的命運究竟怎麼樣，我還真不知道。

洪治綱：我始終覺得，在你的整個作品裡，有兩種主體意識很突出，一個是傷痛感，一個是絕望感，它們都非常強烈。從〈十八歲出門遠行〉開始，包括〈死亡敘述〉，《一九八六年》，《此文獻給少女楊柳》，《古典愛情》等等，都充滿了一種絕望的情緒，充滿了一種無奈和傷痛的感受，一種很無助、很無望的感受。這是不是表明它們其實就是你對人生的一種認識，或者說是一種基本的世界觀？

余華：可能是吧。我感到這種絕望至今都還伴隨著我，並沒有因為我幾年沒有寫小說了，然後它們就慢慢地消失了。我發現它們還是和我在一起。你看看我寫的隨筆就知道了。我仔細想想，我的隨筆裡面寫的那些作家個個也都很絕望，不絕望的作家我幾乎是沒有認同感。所以，我在《內心之死》的序言裡，就寫了這種閱讀對我寫作的影響。對我來說，閱讀和寫作是一樣重要的，也是具有同樣的審美偏好的。

洪治綱：我記得卡爾維諾（Italo Calvino）在《給下一輪太平盛世的備忘錄》（*Six Memos for the Next Millennium*）裡說的非常好，作為一個作家，他說出的東西有很強的操作性。他在這本書裡首先就提出兩個觀點，「輕逸」和「迅捷」，還有一個「確切」。在你的《許三觀賣血記》裡面，這些敘事法則都表現得特別明顯。從整個故事結構來看，它是非常簡單的。在這樣非常簡單的故事裡面，卻通過那種節奏的不斷重複，一次次地顯得不一樣。我印象很深的是，許三觀賣血的時候，有一次他喝了四大碗水，還要把肚子晃一晃，說要把肚子裡的水晃均勻。像這樣的敘述，很迅捷，同時又很確切。這種確切的敘述，我想在生活當中不大可能會有的，而且又恰恰是小說裡非常具有靈性氣質的、最重要的東西，它可以讓敘事一下子飛翔出來。類似於這種輕逸而又迅捷的敘述，是人物行動時自然而然地產生出來的，還是你在這個地方反覆想出來的？

余華：沒有反覆想過，這都是寫作過程中自然發現的，像這種細部是不會進入我的構思的。所以，衡量一個作家是否有創造力，是否有想像力，我覺得也是在這種地方。我一直認為想像力必須要與洞察力掛鉤，否則想像力就是胡思亂想。有個例子，有個青年作家去看望喬伊斯，給喬伊斯看他寫的一部小說，喬伊斯看後特別欣賞裡面的一個細節，說這個細節很好。這個細節就是寫一個女子跟一個神父相愛，很久沒有見面，終於有機會見面的時候，兩個人都很激動，那個女子撲上去後沒有馬上抱住神父，而是拿起神父胸前的十字架虔誠地吻了一下。不是吻他的嘴，而是吻他的十字架，喬伊斯對此十分讚賞。那個青年作家對喬伊斯說，他租住地方的女傭人也讀了這篇小說，說這個地方沒寫好，她說應該再加一筆，讓那個女子用手把十字架上的灰抹去再吻，因為神父是千里迢迢趕來的。喬伊斯聽後說，你跟她去學寫小說，別跟我學，她比我高明。所以，所謂的想像力，並不是說我寫一個荒誕故事就是想像力，想像力是我的生活中確實沒有經歷過，我是在虛構這個人物，而這個人物又是那麼的準確，就像卡爾維諾說的確切，其實翻譯成漢語都是一樣的，準確或者確切。

洪治綱：像這種準確的敘述，在你的小說裡面非常的多。我印象很深的是，比如〈死亡敘述〉裡，那個司機被一鋤一鋤地打死後，他的血流在地面上，「像百年老樹隆出地面的樹根」；再比如像《此文獻給少女楊柳》裡，兩個老太婆談話的聲音，像兩片魚乾在風裡吹打。類似於這種的敘述，實際上就是想像跟經驗的結合。再回到「輕逸」上來說，我始終覺得你後期的作品，從敘述上說，無論是語言，還是結構，還是故事設置的密度，都是非常「鬆」，或者說「輕」。相對來說，你是用一種「輕逸」的方式來表現一種沉重。這種「輕逸」的方式，是不是特別的有效？

余華：我覺得這種「輕逸」在本質上就是樸素，它是一個敘述上的問題。

洪治綱：敘述本身也是一種個性化很強的東西。「輕逸」在更多的時候應該體現為一種靈性，一種作家在敘述過程中的創造性發現。像現在的很多年輕作家，好像沒有多少個性，敘述都是一個腔調，讓人很難體會到人物自身的力量，敘述的力量。沒有找到人物自身的敘述語言，沒有從這種語言中捕捉到那種「輕逸」的靈性氣息，這種寫作的意義很值得懷疑。

余華：所以，隨著年齡大起來，閱讀的書多起來，我就感覺到，為什麼要繞那麼多圈子？我用一種很直接的、很準確的敘述方式寫，反而更有力量。我的閱讀也是這樣，我越來越愛讀那些非常簡潔的作品，那種繞來繞去的作品，我就不太喜歡讀。幾乎所有的大作家，我發現，無一例外，剛開始都是先鋒，慢慢地都變得樸素，都是走著這樣一條道路。我指的是二十世紀的那些作家們，他們經歷了一種複雜以後，又變得簡單了。

洪治綱：在這種由複雜到簡單的過程中，你最深的感受是什麼？

余華：我寫了那麼多年以後才真正知道一個道理，就是你用一種最誠實的方式去寫小說是最困難的。但是，也就是這種最誠實的寫作，才造就了我們這個世界上那些偉大的作家和偉大的小說。

洪治綱：如何理解這種「誠實」？

余華：誠實就是「寫小說不要繞」。有些作家的最大問題就是繞。為什麼他們的作品中沒有力量？當一個人，或者五、六個人甚至是五、六十個人在一個廣場上發生一場戰鬥的時候，有些作家就是一句話：完了，散了，然後寫一些他們打完的情形。他們沒有力量去寫整個打鬥的場面。你看看杜思妥也夫斯基，就從來不是這樣，他總是像推土機一樣，緩緩的、一步步地向前推進，而且文學的力量往往就是在這種正面推進中展示出來。你看他寫那個拉斯科爾尼科夫，一般的作家要麼是繞開，要麼是扯開，很少有能力像他那樣正面強攻。莫言的作品為什麼有力量？他就是迎面而上。我覺得莫言是一個不繞的作家。蘇童也不繞，該寫的地方他都去寫。

洪治綱：你說的這種「繞」和「不繞」，是不是指作家對小說的敏感部位要有清醒的意識，並且能夠非常及時地抓住它們，將它們鮮活地表現出來？

余華：可以這麼說。每部作品都有很多敏感的部位，它們決定了整個小說的內在力量。有些作家沒有意識到，所以就扯開了；有些作家沒有信心來寫，所以就繞開了，或者輕描淡寫一下了事。但是，好作家絕不是這樣，他會一步步地推過去，用最誠實的敘述將它全面地展示出來。作家寫小說，說到底就是拚性格，拚力量。你行或者不行，其實就是看你在那些廣泛的敏感區域中，有沒有能力去直著寫。因為直著寫比繞著寫要難得多。像霍桑（Nathaniel Hawthorne），他寫《紅字》（*The Scarlet Letter: A Romance*）中的神父、海絲特，全都是直著寫，所以這些人物都是很有力量的人，閃耀著內在的人性之光。

洪治綱：但是，現代主義之後的不少作家，與以前那些批判現實主義作家相比，好像都喜歡繞著寫。

余華：米蘭．昆德拉（Milan Kundera）也好，瑪格麗特．莒哈絲（Marguerite Duras）也好，還有羅伯．格利耶（Alain Robbe-Grillet）也好，我認為他們都是好作家，但我從不認為他們是大作家。因為他們一生中根本沒寫出真正意義上的大作品。什麼是大作品？《百年孤寂》是大作品，《戰爭與和平》是大作品，《大師與馬格麗特》是大作品。狄更斯（Charles Dickens）的幾乎都是大作品，《雙城記》（*A Tale of Two Cities*）、《塊肉餘生錄》（*David Copperfield*）和《荒涼山莊》（*Bleak House*），只要他能寫下的。奈波爾（V. S. Naipaul）說二十世紀的作家全部加起來，也比不上狄更斯一個人，我覺得他的這個評價不能說是很準確，也是有一點道理的。準確地說，二十世紀還是有很多偉大的作品的，起碼像馬奎斯的《百年孤寂》就是一部了不起的巨著。

先鋒是一種精神的活動

洪治綱：對先鋒文學，我覺得現在普遍存在著一種曲解，好像凡是先鋒的，就是在文本上、在表達上非常特別的，是一種形式上的創新和改造。但是，實際上，我覺得先鋒有兩個概念：第一個是，先鋒必須是精神的先鋒，就是說，你體驗到的，你發掘到的，那種人性和命運深處的一些永恆的東西，它們能顯示你的精神是處在現在思想的前沿位置上。第二個呢，先鋒是一個流動的概念。比如說，現代主義相對於批判現實主義來說，肯定是先鋒的，但現代主義被後現代主義替代以後，就不算是先鋒了，應該是後現代主義才算先鋒。先鋒是不斷流動的。同時，先鋒也是一個帶有地域性的概念。它帶有時間性又帶地域性。我們一九八〇年代的先鋒文學在外國肯定算不上是先鋒的，但是在我們這個特定的環境裡面，在中國當代文學的環境裡面，它們還是屬於先鋒的，這種先鋒地位是不可動搖的。所以，從這兩個角度來看，我認為你的作品還是具有先鋒精神的。應該說，你在敘述技巧方面，在敘事形式上，跟馬原，跟洪峰，跟殘雪，跟這些人相比，都沒有本質性的超越，但是你在作品中表達出來的人性，表達出來的生命體驗，以及那種思考，卻是很獨特的，有著超越性的。比如說《現實一種》、《四月三日事件》、〈死亡敘述〉、《河邊的錯誤》等等，這些作品裡所透示出來的暴力與人性的關係，就很尖銳。人家也寫暴力，武俠裡面也寫暴力，也寫得很殘酷。但是，你寫親情之間的那種仇殺，寫那種迫害狂的隱祕內心，瘋子的那種非理性暴力，那種狀態，我覺得達到了人性的絕望地步。像這些狀態，我覺得就是先鋒作家的一個很重要的標誌，因為你敘述的東西，是以前作品中沒有的，也是別人無法重複的。因為先鋒最重要的特點就是「不可重複性」，它是一種前衛性的、獨創性的，尤其是在作品所體現的精神內涵上。包括後期作品《活著》也是這樣。那麼一個善良的人，在沒有任何惡勢力的情況下，你能夠把他寫得那樣絕望。這種絕望本身就是一種不同尋常的命運思考。如果是因為惡勢力，像香港的槍戰片那樣，那種絕望就不稀奇。稀奇的是，像福貴那樣善良的人，那麼老實的一個人，一步步地走向絕望，一般人是無法抵達這種深度的。我覺得你的這種體驗，這種對命運的把握，能夠把這麼一個樸素的人寫到絕望的深淵，這本身就體現了一種精神的前衛性。我不知道你對這點是怎麼看待的？

余華：你剛才談的先鋒文學觀點，我是很贊成的。先鋒是一種精神的活動，它不是一種形式的追求，因為先鋒在每個時代都會出現，這是第一。第二點呢，就是先鋒是流動的，它會受到環境的影響。「地域」這個詞往往會把人們引到鄉土的範疇裡去，帶有鄉土意識，所以用「環境」這個詞可能理解起來更加容易一點。我在《歌德談話錄》（*Gespräche mit Goethe*）中曾經看到歌德對自己的一個前輩詩人的評價，他說這個詩人出現的時候，他是走在時代前面的，甚至他還使勁地推著時代走，而現在，時代早把他拋到後面。如果這個作家是先鋒作家的話，我認為這是對先鋒的侮辱。先鋒不是時髦，有時候可能會出現一些很時髦的作家，但時髦是可以模仿的，而先鋒是不可以模仿的，也是模仿不到的。

洪治綱：真正的先鋒，其實就是一種精神的超前性。人家體驗不到的，他體驗到了；人家沒有思考到的，他思考到了；人家不能表達的，他能夠成功的表達了。

余華：還有重要的一點，在任何一個時代，他都是走在前面的。

洪治綱：對。從本質上說，先鋒是流動的，而實際上因為它是走在最前面的，它在藝術上的成熟往往比較難以做到。比如說人家寫批判現實主義作品，那麼我再寫批判現實主義，相對來說，這就有了經驗積累的過程。先鋒是相對開放的，所以，它往往不具備經典的意義。但是，也有很多優秀大師，他們既是一個先鋒作家，又寫出了不少經典性的作品，像普魯斯特，像鈞特・葛拉斯（Gunter Grass），都是這樣。

余華：對先鋒作家的評定，我覺得還應該有個要求，他的作品不僅是在那個時代給人帶來某種新奇的力量，同時對整個以後的時代，他還要有一種持久的力量。這才是一個真正的先鋒作家。

洪治綱：就是要有一種預見力。他能夠通過自己的作品，預見人類未來的某些精神走向，並且讓未來的人們還會去不斷地閱讀他。所以，從我們現在通常所說的先鋒文學來看，你是不是覺得中國的先鋒文學被曲解了？

余華：我們的先鋒派或者說先鋒，在一九八〇年代末或一九九〇年代初的時候，迅速地被轉化成一種時髦，成了大學裡的文學社爭相追逐的一種寫作方式，那麼，這種先鋒肯定就變調了。

洪治綱：就跟現在的「另類寫作」一樣，成了所謂的時尚文學。

余華：對，就是這種說法。但是，我覺得，假如說要是沒有那些偉大的作家，他們給我們留下了不朽的作品，那麼，先鋒很可能是一個很討厭的詞彙。

洪治綱：先鋒本身就是從傳統裡產生出來的。沒有傳統的積累，先鋒不可能產生，但是先鋒又是對傳統的一種反叛。

余華：就跟羅蘭・巴特（Roland Barthes）說的那番話一樣，那番話在一九八〇年代末對我產生了很大的影響。他說，現代性並不是一個來自單純對立面的死字眼，很多人認為現代就是與傳統的對立，他說不是，現代性是傳統在變革時的一種困難活動，這就是現代性。它是一種活動，而傳統永遠是很強大的。

洪治綱：當然是這樣。因為今天的先鋒，到明天很可能也變成傳統的一部分。

余華：我們的傳統文學其實是意味著什麼呢，就意味著是有無數經典作家們的經典作品組成的，那是世世代代都要閱讀的，用波赫士的話說，是完全不同的人，懷著同樣的忠誠去不斷閱讀的作品。

洪治綱：我還有個想法，一個作家如果沒有先鋒精神，從某種意義上來說，也是很可怕的。為什麼這樣說呢，我覺得，沒有一種先鋒精神，他很可能無法體驗到某些獨特的人性，他的審美思考，他對人性和命運的把握，很可能找不到屬於他自己的那種發掘點，那種獨創性，甚至他的敘述方式，也找不到獨特的風格。

余華：我覺得我們通常意義上理解的先鋒派，它並不代表文學的本質。因為一個時代和另一個時代的先鋒文學，很可能完全是兩種面貌。比如今天這個時代需要的先鋒，跟過去的時代相比，跟一九八〇年代相比，都是不一樣的。真正的先鋒性，是保持你的寫作生命力更長久的一個方式。

長篇是一種表達的需要

洪治綱：有不少早期的小說，像〈第一宿舍〉、〈「威尼斯」牙齒店〉、〈鴿子，鴿子〉、〈星星〉、〈竹女〉、〈甜甜的葡萄〉、〈男兒有淚不輕彈〉、〈月亮照著你，月亮照著我〉、〈老師〉等等，你都沒有收入任何小說集，不知道你是出於什麼樣的考慮？

余華：這些都是我的練筆，當時僅僅是想發表。這些小說，我以後也不會收錄到自己的文集中。我覺得，既然讀者要買你的書，你就應該給予他們一些我自己滿意的作品。

洪治綱：中國的作家和讀者總有一種普遍的認識，覺得一個作家差不多應該每年都有新作品問世，這樣才能體現一個作家的創作潛力，你認為呢？

余華：以前我也是這麼看的。但是，去年到了美國以後，我去了那裡的很多書店，看到威廉．福克納的所有小說加在一起也不到二十本，而且基本上都是薄薄的那種。再去看看奈波爾，也就十多本。所以，我突然發現，從我這個年齡來講，我已經是高產作家了，絕對不算低產了。

洪治綱：你現在的所有作品加起來，大概也就一百五十多萬字吧？

余華：差不多。連《兄弟》加在一起，也不會超過二百萬字。

洪治綱：這個數量在中國作家的創作成果裡，算是比較「貧窮」了。

余華：是啊。但是，我在美國時，哈金的一句話給了我很大的震動。哈金說，美國作家心中都有一個偉大的願望，就是一生要寫一部偉大的小說。

洪治綱：所以，外國作家好像很少有人去追求寫作的數量，像沙林傑（J. D.

Salinger），他一生就靠一本薄薄的《麥田捕手》（*The Catcher in the Rye*），傑克．倫敦（Jack London）的作品很少，但他的一部《野性的呼喚》（*The Call of the Wild*）就撐起了自己的文學地位。

余華：對，我當時聽了哈金的話就感到很慚愧。原來他們是用寫五本書的精力去寫一本書，而我們的作家呢，常常是用寫一本書的精力去寫五本書，一年不出一個長篇就活不成了，這怎麼能一樣呢？

洪治綱：讀完《兄弟》，我有兩點感到震驚：一是在你以往的創作中，所有作品加起來不過一百五十萬字左右，而這部你在中斷小說創作十年之後的小說，居然長達五十一萬字，並且在閱讀上並不感到累贅。是敘述本身控制了你，還是你對長篇小說的「長度」有了一種新的理解？二是《兄弟》竟動用了近三分之二的篇幅進入當下的現實生活，並且在整體上體現出「波瀾壯闊」的宏觀性特點。而在你以往的小說中，只有一些短篇涉及當下的現實生活，並且多半局限於婚姻、家庭等「小敘事」。是怎樣一種想法促動你產生了這種敘事格局的轉變？

余華：在《兄弟》之前，我已經在寫作一部很長的小說，寫了三年只有二十多萬字，問題不是字數的多少，是我寫了三年仍然沒有瘋狂起來，我知道敘述出現了問題。我剛好去了美國七個月，有時間思考，究竟是什麼原因讓我的敘述裡只有優美的詞句，沒有忘我和瘋狂的感覺？換一個說法就是寫了三年我的敘述一直沒有飛翔起來，我發現問題就出在敘述的過於精美，為了保證敘述的優雅，有時候不得不放棄很多活生生的描寫。精美和優雅的敘述只適合於「角度小說」，也就是尋找到一個很好很獨特的角度，用一種幾乎是完美語調完成敘述，比如在中國名聲顯赫的莒哈絲的《情人》（*L'Amant*）。「角度小說」在做到敘述的純潔時是很容易的，可是「正面小說」的敘述就無法純潔了，因為「角度小說」充分利用了敘述上的取捨，「正面小說」就很難取捨，取捨就意味著迴避，敘述的迴避就不會寫出正面的小說。當描寫的事物是優美時，語言也會優美；當描寫的事物是粗俗時，語言也會粗俗；當描寫的事物是骯髒時，語言就很難乾淨，這就是「正面小說」的敘述。十多年前我讀過巴赫金對杜思妥也夫斯基的評價，也就是著名的「複調」理論，「正面小說」無法用一種語調來完成敘述，從這個意義上來說，十九世紀西方文學中所有的偉大小說都是「複調」的，因為它們都是正面來表達的。

洪治綱：與你以前的三部長篇相比，《兄弟》看起來似乎很不一樣，其喜劇性基調明顯大於以往的悲劇性基調。但是，細研之後，我發現其內部仍然貫穿著你的某些藝術思維的慣性。這主要表現在：一是對死亡的不自覺的迷戀。《兄弟》一共寫了七個人的死，李山峰、孫偉父子、宋凡平父子、李蘭、宋鋼的爺爺，除了最後兩人是正常死亡，其他五位都是非正常的死亡。當然，這些非正常的死亡主要是針對文革時期的壓抑性和暴力性背景的（除了宋鋼），但也不能完全排除你對人物命運的一種習慣性的處理方式。二是對江南小鎮地域風情的不自覺的迷戀。儘管《兄弟》中並沒有詳細描述劉鎮的具體位置和風土人情，但是，從「我們劉鎮」這句敘述者頻繁使用的句式中，從頻繁出現的河流、小橋以及李蘭守寡不洗頭的風俗中，從劉鎮對上海的依賴關係中，我們仍然可以看出，它是你的故鄉海鹽的再一次呈現。記得你曾說過：「我只要寫作，就是回家。」這次的《兄弟》寫作，似乎意味著你在精神上的再一次回鄉，也意味著地域文化對一個人的強大的制約力。三是作品中所滲透的悲憫情懷仍然貫穿始終，只不過在控制手段上更加隱蔽。我曾論及過，《呼喊與細雨》是通過孤獨和無助來尋找和發現悲憫的重要，《活著》是通過「眼淚的寬廣」來展示悲憫的價值，《許三觀賣血記》則是通過愛與溫情來表達悲憫的救贖作用。而在《兄弟》中，悲憫依然在人物內心深處不斷被啟動，並構成了一種消解荒誕生活的重要元素。

余華：我也不知道是什麼原因，別說我在上世紀一九八〇年代的那些令人恐怖的中短篇小說了，就是我的四部長篇小說裡也都有非正常死亡，原來指望《許三觀賣血記》可以沒有，可是何小勇被汽車撞死了，在這個情節上我猶豫了很久，我希望何小勇活著，讓我有一部長篇小說裡沒有人非正常死亡，可是要命的是何小勇活著的話，後面所有的情節都無法展開了。我想這是敘述的天意，包括《活著》，其實我剛開始寫的時候，根本不知道最後只有福貴活在人世間。至於「劉鎮」，毫無疑問是一個江南小鎮，可是已經不是我的故鄉了，我家鄉的小鎮已經面目全非，過去的房屋都沒有了，過去熟悉的臉也都老了，或者消失了。儘管如此，只要我寫作，我還是自然地回到江南的小鎮上，只是沒有具體的地理了，是精神意義上的江南小鎮，或者說是很多江南小鎮的若隱若現。

洪治綱：《兄弟》真正地寫活了李光頭這個人物。表面上看，他是一個草莽英雄，既粗魯自私又直爽俠義，既果敢無畏又狡黠奸詐，但是，他的骨子裡，仍然不乏一些悲憫情懷，不乏一些執著的人生追求。他對兄弟宋鋼的感情可謂血濃於水。他既能受胯下之辱，又能受巔峰之譽。前半生，他幾乎被一切大大小小的權力意志所凌辱；而後半生，他卻成功地控制了各種權力意志。可以說，他是一個中國的特殊歷史所鑄就的怪胎，充分彰顯了中國社會轉型期所暴露出來的各種人性本相，這種人性內部的分裂聚集在他的身上，使他一直處於某種強勁的張力場中，但他並沒有因此而顯得矛盾重重，相反卻始終從容自在，甚至有一種瀟灑自如的狀態。他是一種典型的欲望狂歡的精神鏡像。因此，其精神的複雜性遠遠超過了其命運的沉浮。

余華：我曾經說過，李光頭是一個混世魔王。我喜歡這個人物，喜歡他的豐富和複雜，這個人物和我們的時代有著千絲萬縷的聯繫，可以說就是我們時代的產物。我要說明的是，我喜歡這個人物，並不是贊成他的所作所為，如果有人來問我：「你為什麼讓李光頭這樣？」我的回答是：「應該去問李光頭。」為什麼？這就是敘述，當一個人物出現以後，他會走出自己的人生道路，不是作者可以控制的。這個人物在上部時，我已經控制不住他了，到了下部，我所要做的工作就是記錄此人的言行，可以說我只是敘述的記錄者。

洪治綱：《兄弟》之所以呈現出非常明顯的喜劇化格調，主要在於它突出了一些帶有荒誕意味的事件，像李光頭磨擦電線杆，李光頭用偷窺後的屁股換取三鮮麵，李光頭廣泛發動群眾展開愛情攻勢，李光頭操縱的新聞事件和全國處美人大賽……等等。我個人認為，這些事件是帶著小說飛升起來的重要部分，它有些類似於米蘭．昆德拉所強調的「可能性的存在」，即，它抓住了現實中某些具體表現力的事件，將它進行必要的擴張，使它在「可能性」上掙脫客觀現實的羈絆，從而揭示現實背後的某些晦暗成分，強化敘事的表現力。譬如李光頭磨擦電線杆和用偷窺後的屁股換麵條，不僅凸現了那種專制化制度下人性被極度壓抑的現實景象，而且也揭示了這種人性自我平衡的突圍手段。也就是說，它是通過喜劇化的方式，撕開了極權意志下人性被褫奪的慘痛狀態。因為它的真實寓意不在於李光頭本人的所作所為，而在於劉鎮的看客和聽眾的畸型心態。同樣，李光頭所操縱的「百萬富翁呼喚愛情」新聞事件和全國處美人大賽，也不僅僅是表現了李光頭的市場眼光和特殊智慧，它還從聲勢浩大的參與者的身心折射了欲望時代的利益景觀。

余華：細節會在敘述中自己延伸，兩年前我剛剛寫下李光頭在廁所裡偷看時，根本不會想到在下部裡劉作家會在報導中用一把鑰匙給他平反。當宋鋼和林紅結婚時，我即興地寫下了李光頭去醫院結紮的段落，沒想到後來這份結紮病歷讓他在法庭上打贏了官司。我在上部裡寫劉成功和趙勝利如何給李光頭和宋鋼吃掃蕩腿時，也沒想到在結尾的時候，趙勝利（趙詩人）竟然當上了李光頭的體能陪練師，風雨無阻地供李光頭掃蕩自己。這樣的例子很多，包括對人物的處理，我在下部中讓小關剪刀去了海南島，我以為不會寫到他了，沒想到宋鋼在海南島遇到了小關剪刀。還有李光頭在福利廠的十四個忠臣，我也以為他們不會出現了，可是宋鋼死後李光頭悲哀地重新回到了福利廠，這些人物在最後也交代了。

洪治綱：在閱讀《兄弟》時，我覺得有很多極為扎實的細節敘述非常具有震撼力。無論是宋凡平的死亡，李蘭為丈夫送葬，還是李光頭陪母親祭父，李光頭和宋鋼為母親送葬；無論是宋鋼爺爺的死亡，宋鋼從內褲口袋裡掏錢付帳，還是宋鋼在接受林紅愛情時的情感游離，李光頭和林紅面對宋鋼自殺後的表現等等，你在敘述這些事件時，始終堅持不彎不繞，人物的一言一行都體現出十分罕見的精確，讀後像刀片劃過一般，讓人顫慄不已。尤其是李蘭從上海回來，當她下車後得知丈夫被打死在車站廣場時，面對廣場上那灘隱約尚在的血跡，李蘭所表現出來的一系列表情和行為，看似沒有涉及任何心理上的直接描寫，但是，她的每一個細微的動作和表情所折射出來的內心之痛，都遠比心理描寫要有力量得多。類似於這些細節的敘述，在我的閱讀體驗裡，只有杜斯妥也夫斯基的《罪與罰》曾經有過。

余華：我之所以喜歡這部《兄弟》，一方面它是最新的作品，另一方面是我在處理細節的能力得到了強化，這對我十分重要，不僅是對這部《兄弟》，對我以後的寫作更是如此。敘述的力量常常是在豐富有力的細部表現出來的，很多年前，我剛剛開始寫作的時候，讀到杜思妥也夫斯基的《罪與罰》，拉斯科爾尼科夫殺人之後，杜思妥也夫斯基用了很長的篇幅來表達殺人者內心的動盪，這個篇章讓我閱讀時非常震撼，那種精確細緻的描寫絲絲入扣。而在《紅與黑》（*Le Rouge et le Noir*）中，於連．索黑爾去勾引德．瑞娜夫人時，司湯達爾（Stendhal）寫得像是一場戰爭一樣激烈。當時我就想，什麼時候我也能這樣有力地去敘述故事？我覺得《兄弟》的寫作讓我看到了這樣的希望。

洪治綱：《兄弟》作為一種恢復性的寫作，在你的小說創作停止十年之後重現文壇，可以說是給了文壇瀟灑的一擊。對於你個人來說，是否讓你真正地回到了小說敘事的最佳狀態？

余華：是的，我回來了，回到了小說的敘述中了，而且感到自己發現了新的敘述能力。我在寫下《兄弟》第一段話的時候，只是想恢復一下自己寫小說的能力，沒想到會是這樣一部作品。所以我在後記中說到「窄門」，《兄弟》的寫作就是這樣的經歷。

二〇〇六年九月

一個人的記憶決定了他的寫作方向

堅信自己的閱讀感受

王堯（蘇州大學文學院院長）：我身在大學，長期從事文學教育，對體制化的「學院」做派逐漸有些反感，我甚至覺得在某種程度上大學的文學教育幾乎是失敗的，大學的許多教授們正在遠離作為招牌的文學，我身為教授，很不自在。在「小說家講壇」開幕式上，我就說，辦這個講壇的目的之一，就是反撥一下大學的文學教育。這也是我和林建法（《當代作家評論》前主編）在討論開設這個講壇時形成的共識之一。文學批評中的一些問題，是批評家在「懷胎」時就有的。在哪裡懷胎？在大學。少數是「自學成材」，但讀的是大學的教科書。您去過不少大學講演，也接觸過眾多大學的文學讀者和批評家，在你看來，大學的文學教育究竟存在什麼樣的問題？

余華：中國大學的文學教育多年來已經形成了一種思維的方式，雖然在局部方面有許多不同。現在還是比過去離文學更近了，應該可以這麼說。我去過不少的大學，中國的大學，跟老師和學生都有交流，我感覺有一點比較明顯，現在大學裡的文學教學，不是在培養學生的閱讀能力，而是在培養學生的理論能力。這個我覺得不是一件好事，因為理論能力是以後自己可以慢慢培養起來的，但是閱讀的能力很重要，我在很多學校都對學生們說：要堅信自己的閱讀感受，不能人云亦云。他們問我怎麼走過來的，我說剛開始的時候心裡也沒有把握，別人都說這本書寫得有多好，怎麼怎麼好，可是我讀了以後就是沒有感覺。我說這裡有兩方面的原因：一方面，可能是這本書寫得的確不錯，但是我還沒到應該與它相遇的時候，很多書都是這樣的，有些書我過了十年二十年之後重讀，感受是截然相反的，過去一些讓我激動的小說，現在重讀覺得很一般，過去覺得沒什麼意思的小說，現在讀起來可能覺得非常好，所以一個讀者與一本書相遇是需要緣分的，有些時候是緣分未到，有些時候是緣分已過；另一方面，這是經常發生的，這部作品其實並不是一部了不起的作品，無非是由於炒作，由於各種各樣的原因，由於學者們在不斷分析它，所以流傳到現在，你們大學裡的教授們也還在繼續分析這樣的作品。

王堯：這就是體制化的知識生產。用這種方式培養的學生會考試，但不會閱讀，不會寫作，學生在閱讀時失去了興奮點。

余華：閱讀文學作品最重要的一點，必須要有興趣，你在讀一本書的時候有沒有獲得樂趣。所以我就對學生們說，當你們在讀文學作品的時候，暫時忘記老師對你們說什麼，也不要去管報紙上是怎麼介紹的，因為我太知道現在報紙推薦書的過程裡，有著各種各樣書以外的因素，當然它們也會推薦一些好書，關鍵還是要讓學生們養成這樣一個習慣，不要去管別人怎麼說，哪怕同學們都說這本書怎麼好，你最信任的人都說這本書怎麼好，如果你自己讀了沒有感覺的話，你就不要讀了，也不要去想它好在哪裡，如果這確實是一本好書的話，可能你還沒有達到與它共鳴的時候，所謂的沒有「達到」，並不是說你的閱讀的水準沒到，而是你的人生經歷、各方面的感受還沒有和它對號入座，問題是很多時候你所讀到的並不是一本好書，因為大家都說它好，你就不敢說它不好了。

王堯：您也有這樣的閱讀經歷嗎？

余華：我一九八〇年代剛開始寫作的時候，閱讀比較窄，喜歡某一類風格的作品，比如川端康成，我當時特別喜歡，還有普魯斯特，還有英國的曼斯費爾德，一個女作家，類似這樣的敘述節奏很慢、又比較優雅的作品，曼斯費爾德（Katherine Manthfield）帶有一點純真的感覺。其實川端康成和普魯斯特，雖然是截然不同的作家，但是他們的作品都很純真，我當時就是喜歡這樣一類的作家。二十年以後，我發現自己什麼作家都喜歡了，不再是這個或者那個，我發現只要是好作家就會喜歡。我因此告訴過其他學校的學生們，我之所以能成為一個作家——假如你們還認為我是一個作家的話，那我應該告訴你們，我作為一個讀者比作為一個作者更優秀。正是因為我有閱讀和判斷文學作品的能力，這樣的能力反過來又在寫作中把握了自己敘述時的分寸，這一點非常重要的。任何一個好的作者，前提必須是一個好的讀者；一個好的讀者，才能成為一個好的作家。要是他盡讀一些爛書，他的閱讀能力很低的話，他能寫出好東西嗎？所以要培養學生們自己的閱讀能力，那種閱讀的能力首先必須在閱讀的過程裡充滿了樂趣，有了這種樂趣，他的閱讀能力就會不斷增長；沒有這種樂趣，他的閱讀能力就增長不起來。他老是在想，別人都說它好，我為什麼讀不出來？他會因此越來越苦悶。

王堯：現在大學裡的學生過早地按照老師的教導，按照老師給他的理論去讀書，過早進入分析狀態，太早了。一開始大學就要把學文學的學生培養成一種職業的閱讀者，這是非常「危險」的。我贊同你的說法，閱讀不應當是壓抑自己全部正常的感受。

余華：文學最重要的一點是什麼？就是當我們閱讀的時候，我們因此生發出來的感受跟其相對應，假如閱讀反而壓抑自己的感受能力，那麼文學最重要的魅力已經沒有了。不僅是文學，我相信數學也是一樣的，當你在解一道方程式的時候，你會用上全部的智慧、全部感受的能力——數學有時候也是需要去感受的。我覺得任何學科都是這樣，文學尤其是這樣。

文革記憶與對創作的影響

王堯：我們是同一年出生的。一九六〇年代是個重要的年代，但一九六〇年代不屬於我們。「九大」召開時，我也跟在大人後面放鞭炮。文革後期有些事情，我們記憶就深了。文革究竟帶給你一種什麼樣的記憶，你後來在創作的過程當中有沒有修正過？因為我覺得，今天有很多文革的那些過來者、親歷者，在不斷修正自己的一些東西。文革本身是非常複雜的，留下的不僅是創傷記憶。

余華：文革的時候，我剛好經歷了自己的童年和少年時期。文革開始時我們剛好六歲，已經記事了，慢慢的開始要去了解那些事件了。所以我感覺到，像我們倆，我們這一代人，回憶我們的童年和少年時，就必然是在回憶文革。

王堯：是的，我們對現實的記憶從這裡開始。

余華：文革開始時我還在童年的歲月裡，那種場景、那種混亂的狀態，給予我的感覺就是熱鬧。到了文革後期，我是一個少年了，仍然熱鬧，大批判文章鋪天蓋地而來。什麼「批林批孔」，什麼「反擊右傾翻案風」，一個一個出來了。現在回想起來，這樣的熱鬧已是人生裡的陰影，一直影響了我們整個一九八〇年代，影響了我們在一九八〇年代的心態。

王堯：確實，記憶是與現實語境有關的。我想知道你對一九八〇、一九九〇年代的理解，以及你在一九八〇、一九九〇年代語境中的「文革記憶」。

余華：現在我很懷念一九八〇年代，那是一個最好的年代，那麼多人真誠地要衝破什麼；到一九九〇年代已經衝破了，起碼在人的思維上已經沒有禁區了，這時候你突然又感覺有點不對勁了。所以我覺得一九八〇年代的一些事件，給我們的心理帶來的衝擊，把我們文革的經驗全部調動起來了。我記得自己曾經絕望過，〈十八歲出門遠行〉是李陀發表在《北京文學》上的，緊跟著《一九八六年》等一些中篇小說也快要發表時，突然間整個形勢一下子轉到另一個方向去了，差不多一年時間，這不到一年的時間裡，我所有要發的稿子都被退稿。這意味著什麼呢？當時我感覺到自己終於要從井裡爬出來的時候，突然被人踩了一腳，又掉回井底了；如果我真正出來了，誰踩你也踩不下去了。但是那個時候我是剛好要出來，一腳就把我踩沒了，你知道嗎？那種壓抑，就是文革的感受全部回來了。好在後來一下子又扭轉過來了。就在扭的過程中，李陀告訴我，別的雜誌不敢發表的稿子，《收穫》敢發表，因為《收穫》主編是巴金，巴老德高望重，當時恨巴金的那些人也不敢招惹他。李陀就把別的雜誌的退稿替我寄給了《收穫》，《收穫》全部發表了。剛好《收穫》發表我的小說的時候，整個的形勢也扭轉過來了，《收穫》也沒事了。這就是我和《收穫》保持了那麼多年的友誼的原因。是什麼東西總是勾起我們的童年和少年時的文革記憶？到了一九九〇年代再來回憶我們童年和少年的經歷時已經沒有那種壓抑感了，社會已經不可能退回去了。這時候回想中的文革經歷又不一樣了，有關文革的記憶變成了一系列的事實了，不會再調動我在政治上的判斷力，道德上的判斷力，而是調動出來了我對事實的判斷力。一九九〇年代兩三年裡跨出的步伐，比一九八〇年代整個十年都大，這是很驚人的，現在沒有往回走的那種強烈的傾向了，有往回走的聲音，也就是很弱的聲音，很快就消失了。

王堯：現在回憶文革，與一九八〇年代不一樣了。

余華：我現在回憶文革，感覺那是恐怖和歡樂並存的年代。舉個簡單的例子，文革時派系林立，我父母都是醫生，我和哥哥經常睡到深更半夜才聽到他們回家的聲音。有一天晚上，我們家裡來了非常多的人，談這個，談那個，那時候我聽不懂他們的話，我說了一句話，我說我們家開會了。我當時特別高興，結果我父親勃然大怒：「你別胡說。」那個時候就是這種感覺，現在回憶當時的這種感覺時，就是一個事實了，不再是任何別的什麼了，不再去調動我的這樣或那樣的判斷。所以到一九九〇年代，文革對於我已經是一個純粹的回憶了。還有一個很深的印象，出現過幾次這樣的事，深更半夜我父母非常緊張的回家，把我和哥哥從床上弄醒，要我們趕緊走，我們也非常的緊張，當時兩派要打起來了。我很害怕地跟著父母到了一個很大的房子裡，一看，平時白天在一起玩的小夥伴們，全在那兒，都是醫院醫生的孩子，就是我父母這一派的那些人的孩子。他們為了保護自己的孩子，把所有的孩子都集中到一起，所有的家長也在一起，不能分散，分散了會有危險。去的時候是非常恐怖，父母神色慌張，而且我母親還在問我父親要不要帶什麼東西，我父親說別帶了，還要回來的。我母親給我感覺到的是要離家出走。到了那裡一看，小夥伴們都在那裡，到了晚上還可以繼續玩，那個時候晚上是不能玩的，天黑就得睡覺，所以我的慌張立刻變成了歡樂。我覺得這個很能代表我現在的文革記憶。我相信再過一個十年，再來回憶文革，所有的記憶出現的時候，都跟這個人所處的時代、他個人所處的環境以及他的命運是密切相關的，它們之間是不可能脫離開來的。

王堯：這裡我覺得有幾個問題還是可以再進一步探討。比我們更年輕的一輩，他根本沒有經歷過文革，有一批人，是有文革的思維、文革的做法，這與他們的現實處境有關係嗎？

余華：對年輕一代來說，只要給他們機會就會表達出來，這是為什麼我們能夠不斷往前走的動力，應該是原動力，用我那個八歲的兒子的話說，就是原力，他從動畫片裡看來的那些詞彙。我們現在看到有些人寫文章——這時候我又調動自己的文革時記憶力了——我馬上想這個人要是還在文革期間的話，不知道打了多少人、關了多少人、害死了多少人，也有可能被別人打了、關了，被別人害死了。

王堯：你看一些人寫文章的那個霸氣呀，那種什麼邏輯呀。

余華：倒不是什麼霸氣，一個學者寫文章有霸氣是好事。這些人是屬於匪氣，就是胡說八道。霸氣，比如毛澤東很霸氣，毛澤東的霸氣是有道理的，江山是他的，他當然霸氣，你一個沒有江山的人撐足了就是匪氣。文革中的很多現象，到了一九九〇年代以後——我們就不要說大的，就說學術界、文學界——那種不擇手段的方式沒有改變，文革是以革命的名義，現在是以另外的名義。不擇手段的方式 在任何時代都會出現，只是出現的方式不一樣。

王堯：文革留給我的恐懼感很深，這可能與我的外祖父受到衝擊有關。你剛才也提到文革的恐怖，它給你帶來的恐懼，我覺得反映在你的創作裡。你小說中的恐怖呀，暴力呀，可能最早是來自於文革時期那些武鬥呀，那種血腥，那種暴力的東西。

余華：應該說是有密切的關係。我最早閱讀的文學作品，其實就是大字報。那時候我已經上初中，文革進入後期，大字報還很興旺。那個時候的大字報轉向攻擊人的隱私，編造一些色情故事之類的，很好看，我那時候很喜歡看，每天放學回家時都要去看看新出現的大字報。我剛參加工作，是一九七八年，在牙科醫院當牙醫，我們鎮上每個單位都要抽調一兩個人去讀那些審查資料，文革後那些造反派都給抓了關押起來，他們都在寫交代材料。所寫的交代材料，前面一小段都是說自己政治反動什麼的，下面都是交代他跟這個女人那個女人的關係，由此可見那個時代已經壓抑到什麼程度了。因為你不審問他這些內容是不可能交代的，審問的那些人的興趣也都在這些事情上。那些交代材料看得我心驚肉跳，大段的性愛交代，比色情小說的描寫還要細緻。那時候沒看過這樣的東西，比現在下半身的寫作更吸引人，一個一個我看了一堆。一九七八年的時候書還是不多，到了一九八〇年以後，大量的書才開始出來，所以大字報和交代材料是我的文學啟蒙。我當時接觸的大字報是暴露陰暗面的，工作後又看了半年的色情交代。我印象很深的是，我上小學的時候，在文革時，偷偷看過一個走資派寫的交代材料，寫得跟我後面看到的造反派的交代材料一樣，也在寫他跟其他女人的關係。

王堯：這給你的創作帶來什麼影響？

余華：讓我更關注社會角落裡的一些東西，就像現在我們看到有些人的文風，和當年寫大批判的文章是一樣的。文革中走資派寫的那些交代材料，跟文革結束後，造反派寫的交代材料也是一樣的，由此可見，人有很多東西是始終改變不了。

王堯：你可能對人性、對歷史的洞察，也是從這裡開始，從負面開始的。

余華：一九八〇年代，我寫〈十八歲出門遠行〉、《現實一種》這組小說時，確實比較陰暗，這和文革給予我的經歷有關。一九九〇年代以後，在《收穫》上發表的三個長篇小說，那時候我的視野開闊一些了，寫作不只是為了暴露陰暗的東西，更多的是為了關注人是怎麼生活過來的，要命的是我筆下的人物的生活總是不幸。有很多年輕人問我，《活著》裡面的人物為什麼都死了？我說這樣的小說換了你們這一代人來寫，不會這樣寫。我童年少年的時候有不少孤寡老人，因為二十世紀的中國經歷了太多的苦難，五保戶不少，到處都是孤寡老人，因為在此之前經歷了戰爭，經歷了瘟疫，經歷了疾病，經歷了饑荒，死了很多人。所以，我對他們說童年對一個作家的重要性。童年的時候，整個世界像是通過影印機複印到了你們人生的白紙上，你們長大以後所做的只是一些局部的修改，這兒修修，那兒改改，基本的結構和圖像是不會變的。

王堯：是這樣，小時候我們那裡的情況真的跟你說的是一樣的。

余華：在我小的時候，孤身一人、沒有一個親人的很多。現在當然很少見到了，社會已經安定了五十多年，沒有戰爭，生活也是越來越好，尤其是生活在城市的年輕人，從小到大都沒有見過一個孤寡老人。我覺得一個人的記憶決定了他寫作的方向。

王堯：這次你到上海去，大概主要是講這個問題，是吧？

余華：想談談文學與記憶。

怎麼寫好對話

王堯：我注意看了一下你的文章，你講到自己在寫作中的一些困擾，講到心理描寫問題，你注意到人的心理描寫之於人的豐富性都是非常有局限的，是吧？第二個你講到對話問題，你講對話是非常難寫的。暑假我和莫言先生在一起，就聊到你和一些先鋒作家。莫言對你小說中的對話非常稱道，他認為在這些作家裡，你的對話是寫得非常好的。我印象裡，你對你的心理描寫講得非常透徹，怎麼寫好對話這個問題，好像始終沒人問過你，也沒有看到你自己談這個問題。莫言說你寫對話有一個祕密，我問祕密是什麼，他不肯講。我看你所有的文章沒有談到這個問題，是吧？

余華：寫完《許三觀賣血記》之後，在接受訪談的時候我曾經說過，寫完這部小說以後我不再害怕寫對話了。莫言說的祕密我不知道，他沒有告訴我。莫言是一個對話寫得非常好的作家。嚴格意義上說，一個優秀的作家，甚至誇大一點說，一個偉大的作家，有一個前提，就是必須把對話寫好。好多作家，你可以看著，比如兩個作家，一個對話寫得好，一個對話寫得不好，一九九〇年的時候他們還差不多，但是到了二〇〇〇年，他們的距離就大了，再過十年，距離會更大。對話表達了作家什麼樣的能力？簡單說就是他對生活、對世界的洞察力。莫言很會寫對話，寫小說的時候他會張揚那些對話，他去年的《檀香刑》，寫得很好，我很喜歡那本書。威廉·福克納的《我彌留之際》（*As I Lay Dying*），寫出了文學敘述的差異性。我舉個簡單的例子，他寫一個鄉村醫生，看到一條山上的小路，覺得那條小路像一條斷胳膊，那就是鄉村醫生的感覺。我剛開始拔牙的時候，我看什麼都會跟牙齒聯想起來，跟那個血淋淋的口腔聯想起來。我一九八三年底放棄這份工作，現在十九年過去了，這種感覺就消退了，剛開始是很強烈的。寫對話重要的是看起來你好像是把對話寫得好，其實這是你對人物的把握，對這個世界的把握，這是非常重要的。很多這樣的作家，像詹姆斯·喬伊斯，對話寫得很精彩，你不能說對話寫得漂亮，那是扎實。我覺得漂亮不重要，重要的是有的作家對話寫得扎實，一看就知道這個作家不得了，哪怕這個作家現在還沒什麼名氣，你還是覺得這個作家以後會不得了。對話對一個作家來說，就是他的命根子。因為敘述的那部分，相對對話來說是容易的，我在替他講述，我可以不在乎他的語調，我用我的敘述語調就行了；當一個人物開始發言了，這個時候，難度就來了。《許三觀賣血記》寫了幾千字的時候，我突然發現這個小說是可以由對話來組成的，我的心裡突然咯噔一下，我知道一個機會來了，一部長篇小說的敘述可以由對話組成。我寫了《呼喊與細雨》和《活著》以後，我覺得自己可以寫對話了，以前我都不敢寫，以前我把大部分對話在敘述中交代，留一兩句話讓人物來說。寫《許三觀賣血記》的時候，我可以放開手寫對話了，然後我發現對話在這部小說裡起到兩個作用：第一人物在發言；第二敘述在推進。

先峰文學的影響

王堯：關於先鋒文學的問題，這是一個老話題了。先鋒文學從一開始到現在就充滿爭議，誤解也很多。評論界習慣把你放在這裡面，而且讓你打頭。一九九〇年代過去之後，你自己對這個問題有什麼想法。

余華：在一九八〇年代，我和蘇童、格非、孫甘露還有北村、呂新，我們差不多是同一代的。呂新、北村、格非雖然比我小幾歲，他們和我還是同一撥的。韓東比我小兩歲，他以前是寫詩歌的，寫小說他是後來的那一撥。我交往多的是蘇童和格非、兆言，葉兆言那個時候交往不太多，這幾年我和兆言交往很多。

王堯：兆言小說寫得好，學問也很好。

余華：兆言學問太好了。一九八〇年代我們是接受先鋒文學稱號的，起碼我覺得我和蘇童、格非是接受的，當然他們兩個人要是抵賴那我也沒辦法。現在我回想起來，真是時勢造英雄，當然不能說我們是英雄，就是什麼樣的環境造就了什麼樣的事物。為什麼會在那樣的時代出現那樣的文學？我覺得應該追問一下歷史，我從一九四九年以後到一九七八年、或者是到一九七九年、一九八〇年，嚴格說我們沒有真正的文學。當然也有一些，比如老舍先生寫的《茶館》，那個時候還有這樣優秀的作品出現確實不容易。巴老《隨想錄》是文革結束以後了，巴老當時的《團圓》也寫得不錯，當時我們看的電影裡最耐看的就是由《團圓》改編的《英雄兒女》。就是這幾十年中國處於文學逐步消亡的時候，世界上剛好是流派紛呈的時候，當中國的先鋒派在一九八〇年代末出現的時候，先鋒主義運動在西方已經退潮了。為什麼在中國出現了？我感覺是中國的文學正在追趕上去，從這個角度說，傷痕文學很重要，傷痕文學跨出了第一步，後來是反思文學，那時候我讀知青寫的那些小說，突然讀到了陳村的兩個小說《藍旗》和〈我曾經在這裡生活〉，我當時就喜歡這個作家，反思文學在我看來是從陳村的小說開始的，也許我的閱讀很有限。此前讀到的那些知青作家，寫的小說都是在控訴，就是訴說他們受了多少苦。到了陳村，艱苦的生活在回想時有很多美好的記憶。

我們讀傷痕文學的時候，我們讀到了一段歷史一段現實，但是沒有讀到記憶，陳村的《藍旗》和〈我曾經在這裡生活〉，我讀到了記憶，只有記憶，才會公正去對待往事。反思文學比傷痕文學往前跨了一大步，接下去是尋根文學，尋根文學去尋找我們的根，這個又往前跨了一大步，後面就是先鋒文學出現了。中國先鋒文學的鼻祖其實是王蒙，王蒙從一九八〇年代初就以非常激進的態度寫作，王蒙在一九八〇年代起到了一個非常好的而且是很大的作用。現在有些人寫文章不太負責任，我覺得王蒙當時的作用是不能抹殺的。那個時候讀王蒙的小說〈夜的眼〉，我嚇一跳，二、三十個字的一個句子，他的句子之長，但又寫得非常清晰，這個不得了。我認為在前輩作家中，有兩個作家語言感覺最好，一個是汪曾祺，另一個是王蒙。我記得當時讀他的〈夜的眼〉，讀他的〈春之聲〉，對他的語言著迷，他對我們起到了像《紅燈記》裡的那盞燈的作用。這兩個作家，你很難把他們歸到傷痕、反思、尋根、先鋒裡面。汪老的語言是簡潔的乾淨，王蒙的語言也乾淨，是拉長以後的乾淨。他們對我們這一代的作家來說是非常重要的。至於現在應該怎麼看當時的文學，很簡單，就是從傷痕文學到先鋒文學，中國文學用短短十年的時間趕上，不能說趕上，是向世界表明我們有文學了。在此之前，我們說這個話是有些羞愧的。那麼大的一個國家，又有那麼多人口，不同的作家寫出來的小說的風格差不多，這是可怕的。經過這樣的十年以後，作家們的個性得到了充分的表達，我覺得從傷痕文學到先鋒文學，作家們都是在努力爭取他們寫作中的個性，這是他們要爭取的東西。所以我覺得先鋒文學也就是起到這樣的作用，通過十年的努力，起碼我們有文學了，我們有個性截然不同的作家，我們有很多表達方式不同的作品，我們有了文學的豐富性。

王堯：你後來的好多作品在德國、義大利，在國外影響很大。就像你說的，這二十年的文學顯示了我們中國文學的成就。

余華：我覺得應該是，這一點我是有自信的，以後你們也能慢慢看到。大師們，比如賈西亞．馬奎斯，那是二十世紀的一座高山，我們就去仰望他們吧。我們不能以現在的成就去跟他們比較。現在西方國家的那些四十歲上下的作家，我可以說也同樣無法和馬奎斯他們比較。我和莫言、阿城、蘇童共同的義大利翻譯叫米塔（M. R. Masci），她給人民文學出版社介紹一套當代義大利作家叢書，就是四十來歲的那些作家的書，我們每個人寫一篇短序，我讀了一下，都是目前最好的義大利作家，我覺得真不如我們這一代作家那麼生機勃勃。我們這次在法國，我和韓少功、莫言他們一起去的。法國作家的發言，過於文本化。這些過於文本化的作家，我覺得他們會愈走愈窄。他們的作品我沒讀過，聽他們發言我就知道寫些什麼了。我們中國作家的發言，生機勃勃。我們中國的讀者讀到目前在西方的比較重要的四十歲左右的那些作家作品的時候，他們就會意識到我們中國的這一代作家其實很不錯。

王堯：那你覺得今天西方漢學界對我們的當代文學感覺怎麼樣？

余華：西方的漢學界我不能說接觸的很多。有一些很優秀，有一些很糟糕。西方的漢學界跟中國的文學界是一回事，有很好的學者，也有很差的、混飯吃的學者。以前覺得中國出版社的編輯們什麼都不明白，到了國外，發現國外出版界的編輯們也是這樣。有好編輯，但是很少。這又讓我回想到造反派寫的交代材料和走資派寫的一樣。這世界就是這麼奇怪。

王堯：余華，你看看大陸學術界、批評界對先鋒文學最大的誤解是什麼？包括後來你們強調故事性，批評界認為你們是往回轉，往後退，你覺得有誤解是嗎？

余華：最大的誤解是把先鋒文學變成了理論，不再當成真正的作品。這是一種誤解，不應該這樣。我們看到一個外國文學的研究學者，當他介紹某一本書的時候，讀起來很有興趣，但是他評論某一本書的文章，讀起來就沒有興趣了。這是什麼原因？當他介紹這本書的時候，他站在一個讀者的立場上；當他評論這本書的時候，他站在一個學者的立場上。

王堯：你覺得批評界對你們這一批先鋒作家有沒有什麼誤解？

余華：批評界對我們先鋒作家的誤解，我覺得……

王堯：包括從正面肯定你們的誤解。

余華：讚揚我們的誤解和批評我們的誤解，對我們來說都是一樣的。我讀到的第一篇寫我作品的評論，是在吳亮主編的雜誌《上海文論》上發表的。那個作者叫張新穎，後來我才知道那時候張新穎還是一個本科生，他那篇評論是我讀得最多的，第一次看到有人評我的小說。這是一個過程，後來出現的評論，讀個三五遍、兩三遍，現在讀個開頭讀個結尾，就不讀了。不是說對學者們輕視，或是說對他們不在意，不是那麼回事。我發現作家的思維，跟他們搞評論的思維完全不同。我作為當代作家，當代的評論家在評論我的作品時，讓我來判斷感覺很困難，說到自己總是很麻煩，我發現一個人，最難了解的就是他自己，因為他有非常多的潛力還沒有發掘出來。所以我覺得不是誤解的問題，是我們的思維方式不一樣，完全不同的思維方式，不是誰對誰錯的問題。反過來也一樣，我相信我的作品也不會對他們的研究起到方向性的作用，因為是完全不同的思維方式；同樣他們的評論也是不會對我們的寫作起到什麼影響，就是這樣。一個是搞了十多年理論的人，一個是寫了十多年小說的人，誰也影響不了誰的。

作為老百姓寫作

王堯：我注意到你在幾次談話中都提到在有些問題上你不是知識分子立場。現在，知識分子立場與民間立場這些概念有些混淆。我想知道你究竟表達的是什麼意思。

余華：上次莫言來講演的一個題目「作為老百姓寫作」，就是一個非常好的立場、一個非常好的說法。中國的知識分子的毛病是覺得自己高於老百姓，他們總是要為別人的命運作出安排，問題是你想想，你不也是個老百姓嗎？他老忘記自己也是老百姓……中國的知識分子有個大問題，總是找不到自己的位置，處於是與不是之間，你說他是老百姓，他不承認。當然知識分子是一個寬泛的名詞，就看我們怎麼去理解。中國現代文學像魯迅這樣的知識分子，當然是非常優秀的代表。我們從這個時代來理解那個已經過去的時代，而那個已經過去的時代裡面那種很齷齪的東西被埋葬以後，留下的都是閃閃發亮的名字，這時候發現知識分子作為一個代表的話，是過去一個時代的意義了。

王堯：如果知識分子立場指的是自由、批判，你贊成嗎？

余華：那我當然贊成。

王堯：你反對的是那種高於普通百姓的一種姿態，是嗎？

余華：我就覺得國內的知識分子普遍不知道他們要什麼。農民工人他們非常明確要什麼，我要一套房子我要一個什麼，我希望我的基本工資能夠再漲一點。知識分子在表達他的要求時，你聽不明白，你不知道他要什麼，你感覺他什麼都要，把宇宙給他，他還嫌不夠。

王堯：但是到現在為止，不僅是我，可能我們在座的，都毫不猶豫地認定你是一個知識分子。

余華：那我是從魯迅那裡過來的。（笑）

王堯：網上倒是有人認為你是接近於魯迅的一個知識分子……

余華：開個玩笑。（笑）

王堯：換個輕鬆一點的話題，你看你到蘇州大學來講演，女生都很興奮啊。你是否能夠通過一部作品來追述一下你在敘述和描寫女性時的那種心理狀態？

余華：我今天談走上文學創作道路時談了我遇到的困難，還有一個困難沒談，就是刻畫女性，我現在正寫的這部作品就是要解決這個困難，因為還沒有完成我不好說，只有完成了以後我才能說我認識了這個問題。嚴格意義上說，從我剛開始寫作到幾年前，我一直不太敢寫女性，我很羨慕蘇童，他很能寫那種女性，當然他是帶著男性的目光去看女性，而我連帶著男性的目光去看女性我都有點看不明白，我覺得還是時間……在生活經驗還有閱讀經驗包括寫作經驗積累了以後，我有點敢寫了，正在試著寫，寫得不好我還不敢發表，就是這樣。

王堯：你對描寫女性態度這麼謹慎？

余華：主要還是一個把握問題，女性是我們生活中非常重要的另一半，態度用不著謹慎。主要還是寫作中對女性的把握……其實在三部長篇中我已經開始著重去寫女性了，許玉蘭和家珍還是完全不一樣的人物。

寫作中的語言衝突

王堯：還有一個問題，是關於漢語寫作、語言問題。前陣子我想籌備一個當代漢語寫作國際研討會，像你啊莫言啊張煒啊李銳啊，都可以作為漢語寫作的個案來做研究。上午我們的談話也提到語言問題，像汪曾祺，他充分顯示了一種漢語寫作的魅力。你提到了自己寫作中的語言衝突，我們從小寫作文的時候，就是在把自己的方言改寫成普通話。

余華：要是當年中華人民共和國成立的時候把首都定在海鹽，那我就用方言寫作，首都定在上海，陳村可以用方言寫了，在北京只有一個作家用方言寫，全中國人民都看得懂，是王朔，他的方言就是普通話，官話。我們南方作家的問題就是這樣。中國的方言它跟西方的還不一樣，西方的方言它的區域比較大，我們海鹽的方言已經到了這樣的程度了，出去二十公里就不一樣了，一個鎮的話和另一個鎮的話又不一樣了，有些詞彙也不一樣了，這就非常麻煩，不知道該如何去應付。汪曾祺的作品裡幾乎讀不到方言，我當初讀《大淖記事》時汪曾祺用了一個方言「倒貼」，說的是男人靠女人養著，在那個地方叫倒貼，倒貼這個詞北方人也懂。汪老有一個了不起的地方，他用一點方言，他不是不用，他用的方言都是全中國人民都能懂的方言。文學是一個作品，不是一個資料，不是讓你去搜集民間資料。汪老給了我一種如何處理方言的啟示，汪老的句子、節奏是典型的南方的，不是北方的，他是非常南方的。他語言裡面的那種靈秀，北方作家寫不出來，沒有這種感覺，他思維縝密，北方作家粗獷，語言也粗獷。語言對我來說，就是一個不斷妥協的過程，我跟汪老也有相同之處——當然汪老比我住得更久，我後來也住到北京了，北方語言的影響也會有。現在我覺得很遺憾，我有很多次機會和汪老一起出去，在大街上散步，兩個人東說西說，就是不談文學，我們談這個話題已經沒有興趣了。我以後要寫一篇懷念汪曾祺的文章。我覺得南方作家寫作時在語言上只能妥協，不僅是我，還有蘇童，蘇童的作品一讀就是江浙味道，我的作品不像蘇童那樣明顯，不太那麼明顯的原因是我的血統沒有蘇童那麼純正，我父親是山東人，南下的，母親是浙江人。

王堯：你提出了語言與血統的關係問題。

余華：我吸收北方的東西比蘇童方便，我住在北京他住在南京，這是不一樣的。還有一點，你剛才說的翻譯體，我是在《活著》以後翻譯體的東西少了。怎樣對待翻譯體？翻譯體也是我們的漢語，而且是我們漢語裡重要的一部分，其實這樣的語言有些地方是很美妙的，後來我為什麼用得少了？就是我後來寫的作品不太適合用這樣的語言了。我剛開始寫作時對語言的要求，比如說這是一個杯子，我擱在桌子上，就是簡單明瞭的語言，但是我不滿足，我覺得這樣的語言不好，我需要從幾個角度來描述這個杯子，自然翻譯體的味道就出來了，那是西方的強項，因為西方的語言——無論是英語法語都是靠尾碼來完成的，漢語句式的精華是排比句，為什麼我們最早讀的文言文沒有標點符號，它不需要，節奏斷了，句子也就斷了，漢語是靠節奏的，西方語言是靠旋律。當初有些作家莫名其妙，漢語是不能學喬伊斯的幾頁沒有標點符號，像文言文，當然標點也是舶來品，從西方引進的。漢語是靠節奏感，節奏完了以後它就完了，一個句子完了可以喘一口氣了，可以讀下一個句子了。西方語言是充滿旋律感，有一次劉禾（Lydia H. Liu，美國哥倫比亞大學東亞系終身人文講席教授）從美國打一個電話過來，讓我給她查中文版的《追憶逝水年華》中的某一段，我查完了複印好了傳真過去，她一個電話打過來，說太吃驚了，我說怎麼吃驚，她說法語原文是沒有標點符號的，漢語裡充滿了標點符號。法語原文是寫一個入睡的過程，一頁左右，讓你感覺語言越來越慢。我不懂法語，劉禾是這方面的權威。我說漢語必須要有標點符號，漢語是一種節奏的語言。翻譯體出來以後，我覺得增加了漢語裡的旋律感，以節奏為基礎，就是「以節奏為基礎，以旋律為準則」了，所以今天的漢語變化很大了，它的旋律感已經加強了。還有一點，從文言文向現代白話文轉化過程中，有很多民間的語調，在民歌民謠裡面，旋律感已經出來了，已經出現了很多旋律感的東西，這兩種語言現在已經結合得越來越完美。有時候還是會覺得悲哀，我重讀魯迅的小說，全部讀完了，我對汪暉說，我們現在的語言快一個世紀了，除了增加詞彙別的沒幹什麼，魯迅的白話文已經是完美成熟了，你去讀他的白話文，太好了，我們僅僅在這個基礎上增加了一些新詞彙而已。在我看來，中國的白話文到魯迅那一代其實已經完成了，這有點像義大利語一樣，以前沒有義大利語，就是因為但丁寫下了《神曲》（*Divina Commedia*），他是用佛羅倫斯的地方語寫的，那個《神曲》太有名了，就成了義大利語，後來整個義大利全部說這樣的語言，這非常了不起。這也是文學的一種功能，一部偉大的作品終於統一了一個國家的語言，有了國語，本來他們沒有國語。魯迅他們把文言文轉成白話文，就相當於整個世界留在我童年中的印象是一樣的，後來的作家能做的就是修修補補的事了，就是使漢語的表達變得更豐富一點而已，這個基礎是魯迅這代作家定下來的，我們現在用的還是他們的語言體系。

王堯：還有個問題，關於短篇小說寫作問題。我和張煒也討論了這個問題，現在大多數作家好像都不想寫短篇了，為什麼放棄短篇小說寫作？

余華：沒有放棄。中國有非常多的文學雜誌，全世界的文學雜誌加起來恐怕還是沒有中國多，我的統計是一百多家，王蒙統計一千多家，王蒙是把地區的也加上，地區的也應該算，像以前我工作過的《煙雨樓》，就是屬於地區的。文學雜誌的需求主要是短篇中篇，我們這一代作家都是，沒有人能跑得了，個個如此，莫言也好、鐵生也好，安憶也好，你看誰跑得了，都是先寫短篇，短篇寫熟了寫中篇，中篇寫熟了再寫長篇，很多都是寫了長篇以後就不回去了，因為他覺得長篇更適合，我就是更喜歡寫長篇，蘇童一直在寫短篇，他喜歡寫短篇，也寫得很好，幾乎每一篇都很精彩，這一點是很罕見的，所以蘇童自己也一直認為，他寫得最好的是短篇小說，而給他名聲帶來最大的是中篇小說，他自己這麼認為。我覺得還是跟作家的個人興趣有關，有些作家比如安憶，我感覺她的興趣在長篇。從我個人來說，我覺得寫長篇小說像是端上了鐵飯碗，暫時不用考慮下崗的問題，寫中短篇是打短工，幹一把，掙一筆錢就回家了。長篇小說給人感覺像帳房先生一樣，每天撥撥算盤，算算這一天掙了多少錢⋯⋯

王堯：你這比方有意思。

余華：滴答滴答的算盤珠子的聲音，屬於這種，不是長工也不是短工。有些作家還是喜歡寫相對短的，比如池莉，她喜歡寫中篇，她有中篇的感覺——當然她沒對我這麼說過，她這一次獲《大家》文學獎的《看麥娘》真是寫得很好，我很喜歡這個中篇小說。很多作家的道路是一樣的，先短後中再長，最後發覺更喜歡寫什麼，就寫得最多，就是這樣，沒有別的解釋。

二〇〇二年四月

我想寫出一個國家的疼痛

我並沒有發明故事

王侃（杭州師範大學人文學院教授）：《兄弟》出版後，你遭受到了前所未有的質疑。且不說這種質疑的不同動機與某些錯訛，我倒是積極地看這種質疑。我認為，這種質疑反映了一個前提，即讀書界對於余華的閱讀期待一直處於一個緊張的、令人窒息的高度。是《呼喊與細雨》、《活著》、《許三觀賣血記》給我們堆砌了這樣的高度。那麼，你是如何定位《兄弟》在你的長篇小說家族中的地位？它真的如你所說，是超越了以往所有寫作的、包括超越了《活著》和《許三觀賣血記》的一次自我提升，還是僅僅是意氣之說？

余華：我應該怎麼來回答這個問題？首先，《兄弟》所受到的批評確實非常猛烈，但這種「猛烈」是有原因的，因為它剛好遇到了一個資訊化、網路化時代，所以這種批評其實又被誇大了。《兄弟》出版至今，仍然存在兩種不同的批評意見，讚揚有之，批評有之，只不過各自的陣營無法估算。但是我認為存在一個現象，即媒體把批評聲音誇大。不過，也確實有很多批評家不喜歡這本書，他們也是發自內心的不喜歡，而不是別的什麼原因。這個問題我想是這樣的，這可能跟我們從事中國當代文學研究的學者和批評家們長期以來的閱讀習慣有關係，他們除了大量閱讀理論方面的書籍外，基本上唯讀中國的現當代文學作品，或者說唯讀當代文學作品，連現代文學作品也不怎麼讀了，更不要說中國文學之外的世界文學。作為一個比喻，你可能只是在一棟房子裡生活，你熟悉這棟房子的全部結構和建築風格，但是你可能不熟悉更多的不同風格的建築和不同風格的室內設計。所以這是一個原因，《兄弟》在中國讀書界的反應和在西方讀書界的反應是那麼不一樣，在西方雖有一些持保留態度的文章，但極少，可以說，這部作品在西方幾乎沒有爭議。而且，西方讀書界也並不是從政治角度，而是從文學的角度來評價這本書的。這種反差，我認為可能跟閱讀的習慣有關係。西方的文學批評是分成兩個類型的：學院派的研究和為雜誌撰寫書評。這兩者之間的差別很大。寫書評的閱讀量非常大，每年可能要讀一百本書，因為他兩三天就可能要寫一篇書評，但在大學裡做研究的學者，他對在世的作家的研究，一生可能不會超過三個。我問過國內的一個著名批評家，問他曾為多少中國作家寫過評論，他說有七十多個。他的閱讀量是驚人的，但從另外一個方面看，他的閱讀其實又是很單一的。我想這也是《兄弟》在中國遭受質疑的一個重要原因。

我個人對這部作品的評價，首先，我認為，一個作家最喜愛的一本書，未必是讀者最喜愛的，也未必是文學史最肯定的。從一個作家的角度來說，我認為《兄弟》對我來說是一個巨大的機會，因為中國再不會有這樣的四十年了，起碼在我有生之年不會再有這樣的四十年了。《兄弟》出版後，我也說過這樣的話，但馬上有批評家說，誰不知道文革時代與今天這個時代有著翻天覆地變化，有著天壤之別？誰不知道？——是的，我相信，只要是從文革生活到今天這個時代的中國人一定都能感受到這種巨大變化，誰都知道。但問題是，是誰第一個這樣寫出來，就像《許三觀賣血記》在一九九五年出版時，我不知道在河南會發生愛滋村的血液汙染事件，但我知道，賣血的事情在中國至少有五十年了，至少一九四九年以後就存在了，因為我從小在醫院裡長大，我看著那些農民到醫院裡來賣血。為什麼存在了那麼久的一個事實一直沒人去寫？作家並不是要發明這個世界上所沒有的故事，而是要把在這個世界上存在已久的故事寫出來，因為它存在得愈久，它就愈有價值。我並沒有發明故事，但我為自己感到高興的是，我把賣血這樣的一個存在了半個世紀的故事寫出來了。《兄弟》所反映的兩個時代翻天覆地的變化，起碼沒有人用像我這樣的方式去寫。為什麼說《兄弟》可能是我一生中最重要的作品，是因為我不太有信心將來還能遇到如此宏大的題材。我能夠再寫像《許三觀賣血記》或《活者》甚至《呼喊與細雨》這樣的從某個角度切入的作品，這樣的作品可以再寫很多部，只不過換一個人物或換一個時代背景而已，但《兄弟》這樣的作品只能寫一部。這是命運對我的厚愛，讓我經歷了這樣兩個時代，讓我以這樣的方式去把它寫出來。我以後沒辦法再寫這樣大的作品了，這就是我為什麼認為《兄弟》這本書對我最重要的原因。除非中國還會遇到巨變，但這種可能性不大。沒有這樣的時代巨變，你是很難寫出這樣的作品的。《兄弟》裡的一些人物，尤其是李光頭這樣的人物，剛開始人家不接受，但現在人們知道這樣的人其實很多。我不是意氣用事，而是由衷地認為，《兄弟》確實可能是我一生寫作的高峰。

我的一個英文譯者，中文名叫白亞仁（Allan Barr），是美國的一個大學教授，蘭登書屋出版的《呼喊與細雨》就是他翻譯的，今年蘭登書屋還將出版我的一個短篇小說集和一個隨筆集，這兩本書也是他翻譯的。他來到中國時告訴我，他曾和幾個中國的批評家們談起《兄弟》這本書在美國和法國得到了非常高的評價，這幾個批評家說，那是因為美國人、法國人沒有讀過我以前的《活著》和《許三觀賣血記》。我聽說就笑了。你也知道，大量的國外評論，都反覆提到了《活著》和《許三觀賣血記》。他們顯然是讀過《活著》和《許三觀賣血記》的。那麼他們為什麼還是認為《兄弟》是我最偉大的作品（外國人的這個措辭讓我不好意思）？他們其實也有他們的標準，以此來對我的長篇家族進行比較和定位的。國外文學界、批評界對《兄弟》的熱烈讚揚也鞏固了我對這本書的自信。因為他們的讚揚是從文學而不是別的角度來進行的。

作家的性格和運氣

王侃：在某個場合，我曾聽到一些作家談論說，《兄弟》讓余華寫作中的一些弱點暴露無遺，這包括技術上的毛病和文學準備上的倉促。這些弱點以前並不是沒有被發現，只是以前不被談論，因為我們不能要求一個作家是全能作家，尤其是，余華是那樣一個風格鮮明、並且無論從哪方面來看都是一個大獲全勝的作家，所以，在那樣的一種語境裡討論一個作家的局限是不合適的，而且有吹毛求疵的不厚道。但《兄弟》被認為是一次錯誤的寫作，是弱點的大展示。我想這樣來提問：你是如何看待你寫作中的軟肋的？你清楚地知道自己的阿基里斯之踵嗎？

余華：作為我來說，我認為寫作中的一種感覺是很重要的。這種感覺可以用一個很簡單的詞來概括，就是一種「狀態」。作家只要進入那樣一種狀態，他就會知道自己那樣寫就是對的。《兄弟》寫作就是讓我進入了這樣的一種狀態。我以前不是還有一部更長的小說嗎，我為什麼放下了，因為我一直沒有感覺到進入狀態，進入到那種忘我的、瘋狂的狀態。（插問：《兄弟》的寫作，每天大約以一個什麼樣的進度推進的？余華：《兄弟》下部中有那麼十一萬字的寫作對我來說是個奇蹟，大約十多天就寫出來了。）我在寫作上是個比較慢的人，但一旦進入狀態就特別快，像《活著》就寫得很快，《許三觀賣血記》也寫得很快；《呼喊與細雨》稍微慢一點，一個重要的原因是因為我當時的生活出現了變故，影響了我的寫作，在北京寫了一半，再回到嘉興寫了一半。以我一般的寫作速度，我認為每天寫兩千字就已經很多了，但在寫《兄弟》時，如果我一天的寫作低於五千字，我就會認為寫得少了。那時真是一個奇蹟，我覺得我進入了一個非常有意思的睡眠狀態：我每天大概在凌晨四、五點鐘時躺下，然後有一小時的大腦皮層的興奮沒有消失，大約到天濛濛亮時才睡著，一覺睡到中午十二點左右才醒來，午飯後稍事休息就開始寫，寫三個小時，到下午四點左右再休息。這個三小時有一半多的時間是在修改前一天寫的東西，另外再續上一小段接下去要寫的內容。晚飯後再睡上兩三個小時，我最好的狀態是晚上十點鐘重新開始的寫作，一寫就寫五、六個小時，這才是進入真正的創作。次日再重複這樣的過程。這樣的生活狀態保持了二十天左右，但後來覺得身體快垮了，才沒有維持下去。很懷念這樣的狀態，非常懷念。當一個人進入這樣一種瘋狂的狀態時，對我來說是非常非常的快樂、幸福，現在老盼望這樣的時候能重新回來。不知是否能回來。

王侃：「虛偽的作品」是你對自己「先鋒」時期寫作取向的一種概括，在很多評論家的觀念中，這也是先鋒文學的一份綱領性文獻。當《活著》，尤其是《許三觀賣血記》發表後，有人便認為你「告別了虛偽的形式」。你自己怎麼評判這樣的論斷，真的是告別「虛偽的形式」了嗎？真的如時下的評論界所說的那樣發生「轉型」了嗎？你自己認同「轉型」這一說法嗎？你認為自己在《活著》之後的狀態是一種平面的轉型，還是一種自我超越？《兄弟》是另一次轉型嗎？

余華：我不知道應該怎麼來解釋這樣的一個過程。「虛偽的作品」代表的是一九八〇年代中後期的寫作。到了一九九〇年代我的很多想法出現了一些變化，主要是因為那個時候我已經開始寫長篇小說了。嗯，怎麼說呢？如果說我告別了虛偽的作品，從形式上看確實是這樣，但是，問題是我所有的作品從內核上講都是虛偽的，或者說是虛構的。我想，我最本質的東西是沒有變，沒法變，我想變也變不了。寫小說和寫創作談不是一回事，寫創作談可以很簡單地說我風格已經變了，但在小說裡的具體過程中，變化就很難，敘述有時會帶著你走向一個有時連作者自己也說不清的方向。

迄今為止，我認為我的寫作有三個重要的階段。第一個階段是寫下了〈十八歲出門遠行〉的那個階段，那個時候我找到了自由的寫作。第二個階段是寫下了《活著》，我以前也和你說過，《活著》最初的一萬多字後來都廢掉了，它用了第三人稱，是用《呼喊與細雨》的那樣的方式去寫的，後來改用第一人稱，用一種非常樸素的方式去寫的。《活著》給我帶來的最大的一個意義就是它使我變成了這樣的一個作家：當我面對一個讓我激動的題材時，我不會用我過去的形式去表達它，而是努力去尋找一個新的、最適合表達這種題材的表達方式。《活著》讓我突破了固步自封。作家是太容易故步自封了。因為當他用一種寫作風格獲得成功之後，他是很難放棄的。這不僅僅是作家，從事任何行業的人都不會輕易放棄讓他賴以獲得成功的手段。但是《活著》讓我放棄了，逼著我放棄了。因為用我過去的方式寫，寫不下去，我只能用一種全新的方式去寫。這就是我說過的一個很樸素的道理。像福貴這樣一個人，你要是從一個旁觀者的角度來看的話，這個人除了苦難以外什麼都沒有。就好比我們在街頭看到一個要飯的人一樣，我們都認為他非常苦難，但錯了；即便是街頭要飯的，他也有他人生中歡樂的東西，只不過是我們不知道而已，或者說他的歡樂和我們的歡樂不一樣。所以福貴有他的幸福，有他的歡樂，所以為什麼當我後來用第一人稱讓福貴自己來講述時就很順利地寫完了，就是因為他能夠告訴別人：一是他的人生，二是任何人的人生，不管其中經歷了什麼，其實都是有幸福的，甚至是充滿了幸福充滿了歡樂的。這是我寫作上的一個變化。《兄弟》是我的第三個階段；我以前的作品，不管是先鋒小說也好，不管是《活著》和《許三觀賣血記》也好，我的敘述是很謹慎的，到了《兄弟》以後我突然發現我的敘述是可以很開放的，可以是為所欲為的，所以也有人說我膽子很大。當然這要感謝我前期作品的成功，人就是這樣，成功會讓一個人膽子越來越大，失敗會讓一個人膽子越來越小。到了《兄弟》時，我認為我可以把我不同側面的寫作才華都充分地展示出來。至於有的作家說我的《兄弟》是我的「弱點的大展示」，那麼我敢說，這樣的作家一生肯定只會用一種風格寫小說的，我百分之百地肯定，只會用他最初賴以成功的方式。我以前在和朋友交流時也說過，當一個作家達到某一個高度以後，再往上走就不是才華了，而是性格。有些作家的性格中就有很多保守的成分，另一些作家的性格中則具有勇往直前的成分，具有充滿闖勁的精神。我覺得我是屬於後者。此其一。第二，有一些作家的作品能流傳開來，除了性格之外，還有運氣。一個作家必須在最適合寫這本書的時候寫下了這本書，那這本書肯定是意義非凡。我覺得《兄弟》就有這樣的運氣成分。我一九九五年時開了個頭，當時想給明天出版社，被納入一個他們的一個叢書的出版計畫，我當時想把童年那部分寫完讓他們出的，結果是開了頭之後一直沒寫下去。我認為這裡就有一個運氣，因為我在一九九五年的時候感覺中國的變化已經很大了，但到二〇〇五年時出版《兄弟》上部時再回頭看看，一九九五年的變化算什麼？根本不算什麼。到了今天，才是巨變。非常有意思的是，二〇〇六年出完《兄弟》下部後，二〇〇八年北京奧運會後，全球金融危機後，中國的經濟又出現滑坡了。此前三十年的瘋狂，在以後的中國，不會再有了。這就是一種運氣：我從一個高點，寫到了另外一個高點，中間跨越了一個低谷。這也是我為什麼說，像《兄弟》這樣的作品我以後不會再寫了。雖然我很想再寫幾部這樣的作品，可是我沒這個機會了。不是說一個作家想寫什麼就能寫什麼的。性格和運氣，這兩者對我來說非常重要。

《兄弟》內外

王侃：在你的「先鋒」時期，在一個言必稱卡夫卡的學徒階段，在一個主要借助個人想像力構建文學世界的筆耕年代，沒有人追究過你作品中的「細節失真」。但《兄弟》卻被一再究詰於「細節失真」。這裡有個前提預設，即《兄弟》是部寫實主義的作品。你認為是這樣嗎？如果它不是一部寫實主義作品，你為何又一再舉隅說明真正的現實比作品更為荒誕？

余華：這是一個非常奇怪的觀點。首先我並不認為《兄弟》是一部寫實主義的作品。如果有人認為《兄弟》是寫實主義作品，那起碼他們在對寫實主義的認知上與我是不一樣的。我不知道他們對寫實主義是一種什麼樣的理解，如果說《活著》是一部寫實主義的作品，我同意，但是《許三觀賣血記》我不認為它是一部寫實主義的作品。有一個觀點很有意思，《許三觀賣血記》在中國和在西方受到的評論截然相反，中國的批評家們把《許三觀賣血記》說成是一部傳統的小說，而西方的批評家們把它稱之為是一部現代主義的作品。我曾經問過一個美國的很著名的作家，阿里爾・多爾夫曼（Ariel Dorfman），他認為《許三觀賣血記》是一部了不起的現代主義作品，我問他：中國的批評家們都認為這是一部傳統小說，你為什麼認為這是一部現代主義作品呢？——他就笑了。他說，衡量一部作品是傳統的還是現代的，要看這部作品在時間的處理方法上，而《許三觀賣血記》在時間的處理上是一個典型的現代主義式的處理。比如，許玉蘭生孩子一節，只有兩頁，但是，十年過去了。這顯然不是傳統小說裡有的，傳統小說裡是讀不到這樣的時間處理方式的，相反，這完全是現代主義式的。

說到《兄弟》，它也不是寫實主義的。小說中的「處美人大賽」在中國沒有發生過，中國有大量的選美比賽，但沒有「處美人大賽」，「處美人大賽」不是寫實的。另外，那個垃圾西裝，雖然在一九八〇年代初有很多很多人穿日本或者韓國進口過來的二手西裝，但也沒有像在劉鎮這樣的互相打聽西裝出自哪家。這些都不是寫實的。雖然有現實依據，但不是寫實的。包括小說第二章，李光頭用林紅的屁股去換三鮮麵，這哪是寫實主義的小說？它不是，它絕對不是寫實主義的小說，雖然裡面有某些現實的依據。法國的一篇評論曾說《兄弟》裡結合了小說的所有的表現風格，最近，《新蘇黎士報》（*Neue Zürcher Zeitung*）把《兄弟》稱之為是「世界劇場」，它裡面什麼都有，它融合了史詩、戲劇、詩歌，曾有過的文學表達方式它都涵蓋了。德文的《時代周報》（*DIE ZEIT*）也稱《兄弟》是一部具有劃時代意義的小說，「是一種全新的風格」。時至今日，我可以這樣說，《兄弟》的寫作無從拷貝，起碼中國沒有過這樣的作品，從西方的批評反應來看，他們也不曾有過這樣的作品。這是一部將許多敘述風格放置到一起的作品，可能有的作家不喜歡這種眾聲喧譁的作品，認為我在起向誤區，但從我的角度看，起碼我認為這是一部很和諧的作品。我舉一個例子，當年法國印象派音樂的代表人物之一薩蒂（Erik Satie），他是一個鋼琴師，他長年在巴黎蒙馬特高地的一家酒吧裡彈琴，他也寫了非常多的鋼琴小品，他的鋼琴小品可以用完美來形容。他對華格納（Richard Wagner）的作品是極其厭惡，他認為華格納作品太過嘈雜，無風格可言，認定華格納是有史以來最糟糕的作曲家，他很驚訝於很多人對華格納的喜歡。但是，薩蒂是一個浪漫的人，是個喜歡在酒吧裡呷著雞尾酒和香檳的音樂家，他不是一個瘋狂的天才，而另外一個瘋狂天才梵谷（Vincent Van Gogh）有一次偶然中聽到華格納的音樂後被震撼住了，他說他為自己的繪畫找到了靈感出路了。為什麼呢？他發現，當你把不同的事物強化以後，再強化，然後不斷再強化以後，會形成新的龐大的和諧。我們以前對和諧是這樣理解的：首先它應該是寧靜的，然後事物間是對稱的、平衡的。不對！梵谷對華格納的音樂理解是，他發現還有一種更加強大的和諧，是對嘈雜、混亂、瘋狂加以強化後形成的和諧。我去過很多歐洲的城市，我去過一些寧靜的城市，比如像羅馬，它有一種優美、和諧、古典的風格，而另一個城市，阿姆斯特丹，則是一個亂糟糟的城市，有很多看上去一百年沒洗過的牆面，街上的自行車橫衝直撞，但你突然間也會感到這個城市也是那麼的和諧，因為它就是把這些我們認為所謂不美的東西交融在一起，有一種異樣的美，它的自行車停車場有我們的汽車停車場一樣大，自行車則堆放得像金字塔一樣，我都不知道他們該如何取車，你走過的所有的路旁，有郵筒或路牌的地方，必然綁鎖著五、六輛髒兮兮的自行車。阿姆斯特丹中間有一條海流，乘船遊覽，你會覺得這是歐洲最為混亂的一個大城市。但所有去過阿姆斯特丹的人都跟我說：阿姆斯特丹太美了。按我們一般的標準來看，這個城市又髒又亂，但是，它生機勃勃，它的美源自它的生機勃勃。為什麼梵谷能在華格納的音樂裡感覺到和諧，因為這種和諧已經不是德布西（Claude Debussy）的和諧，也不是印象派的和諧，而是生機勃勃的、洶湧澎湃的和諧。

所以，美學應該是沒有標準的。但是我們總是人為地去給它設置一些標準。

王侃：儘管西方文學批評界對《兄弟》的評價並不是從政治角度來下結論的，但以我對這些評論的閱讀來看，政治評價仍然是一個很重要的方面，換句話說，在西方文學界仍然把《兄弟》視為一種政治小說，儘管有時候也把《兄弟》稱為「流浪小說」、「大河小說」等，但我覺得政治仍然是他們對《兄弟》進行解讀時的重要取向。但中國的批評界很少有看到作這樣的解讀的。

余華：更準確地講，西方批評界把《兄弟》看作是一部社會批判小說。我覺得有一個非常奇怪的現象，中國的批評家認為我在先鋒時期最具有批判精神，但是西方的批評家卻認為《活著》、《許三觀賣血記》才充滿批判精神。我告訴他們，《許三觀賣血記》的片斷已被收入中學語文教材，他們聽了更是驚訝不已。中國的批評家認為從《活著》起我就開始「妥協」，就開始所謂的「溫情主義」，而西方的評論則恰恰相反。到了《兄弟》，西方的評論都認為它是一部批判性極強的小說，而中國的批評家則說我在媚俗。但從我個人的角度來說，我真的不認為我先鋒小說的批判性強於《活著》和《許三觀賣血記》。你要說《兄弟》是一部政治小說，我也同意，為什麼？因為《兄弟》是我迄今所有的小說裡批判性最強的一部。因為所謂政治小說，就是強調其批判性。還有一種政治小說，像喬治．歐威爾（George Orwell）的《一九八四》（*Nineteen Eighty-Four*），雖然純屬虛構，但其實它的內在也還是一種批判性。

《兄弟》前後

王侃：《活著》發表後，便有人認為你開始了「通俗化」的寫作，直到《兄弟》的問世，更被一些人認為是取媚於市場的寫作。與此同時，也有人用拉伯雷（François Rabelais）和《巨人傳》（*La vie de Gargantua et de Pantagruel*）來為你辯護，認為你的寫作之於中國文學是一種新的審美形態，是一種融合了高度民間智慧與民間美學的歷史敘事，有著與通俗化和大眾化看似相近實則迥異的文學修辭和價值取向。文學批評中的見仁見智本是常事。但針對你的寫作而出現的兩極化的評價卻很不尋常，它意味著對中國當代文學的批評與認識出現了難以調和的分裂。撇開一些無聊的攻訐不說，你個人認為針對你的批評，哪些是切中肯綮的？哪些又是謬之千里的？

余華：我已從事寫作二十多年，我寫作的半輩子已過了（我最多能再寫二十多年吧，我如果能寫到七十歲，那就很牛了）。期間，我遇到很多的讚揚，也遇到過很多的批評。讚揚當然會使人很高興，批評有時會讓人惱火，但是隨著時間的流逝，無論是讚揚也好，批評也好，我都能夠去正確地對待了。為什麼我就一直不喜歡開我的作品研討會，說實話，我最害怕的不是別人當面批評你，我最害怕的是別人當面讚揚你。這是個很難受的事情。

你剛才提問中說到的一個現象，很有意思。《活著》現在確實非常成功，現在每年能夠印十萬冊左右，這是我都無法想像的一個成功。《兄弟》之所以成功，某種意義上是靠《活著》和《許三觀賣血記》，假如沒有這兩部作品為我鋪墊了那麼多讀者的話，《兄弟》不會有現在這樣的成功。但是有一點，批評家們應該注意到這一點，《活著》是一九九二年發表的，《活著》的第一版印了兩萬冊，到了一九九八年都還沒賣完，那個時候沒有一個批評家說《活著》是為市場寫作的，後來，到了一九九八年重印之後，陰差陽錯地就賣得好起來了，一直到現在。所以，《活著》在市場上受歡迎，是在它發表、出版六年以後才發生的。為什麼在發表、出版之初的六年裡，你們為什麼不說它是為市場寫作的呢？為什麼要等它賣好了才說呢？所以，這個論點是站不住腳的。《兄弟》一出來就受歡迎，所以批評家們的觀點可以討論。而對《活著》的批評，我認為連討論的必要都沒有。

《兄弟》之所以獲得成功，這是沒辦法的事情。為什麼呢？因為我已經受到讀者的高度關注了，同時我又十年沒有寫新書，書一出來，必然會受到媒體的大量關注。至於說我在這本書出版後接受了很多採訪，是的，確實如此，但我們想想其他的那些作家在新書出版後的做法。我記得當年某個著名作家的一部長篇小說出版時掀起的浪潮更大，十多個文學雜誌同時發表他的小說片斷，無數媒體鋪天蓋地的採訪。確實有一個作家是不接受採訪的，就是王安憶。《兄弟》出版後，我只在四個城市做過簽名售書，可是媒體卻把我說成去了四十個城市，就誇大了。《兄弟》上部出版後，我遇到阿來，跟他說：有人說我發明了上下部分開出，你那個《空山》不也只出了個上部嗎？格非的《人面桃花》不也只出了個第一部嗎？我為什麼要舉例阿來的《空山》和格非的《人面桃花》，因為他們和我的《兄弟》是同時出版的，他們也都只出了上部，這個上下部分出的發明權怎麼就歸我了？在我之前還有《李自成》呢。所以我覺得我們的一些媒體，包括有些評論家，是不講事實的，自己想說什麼就說什麼，完全不顧擺在眼前的事實。我和阿來說，你《空山》出上部就可以，我《兄弟》出上部就不可以，而且我《兄弟》的下部比《空山》的下部出來還早呢，真是沒道理。我相信，當我的下一部新的長篇小說出來時，媒體仍然會高度關注，讀者仍然會很關注。就像《活著》、《許三觀賣血記》為《兄弟》作的鋪墊一樣，《兄弟》也為我的下一部做好了鋪墊。

王侃：下一部長篇會讓讀者等很久嗎？要知道，從《許三觀賣血記》到《兄弟》，居然是十年。

余華：你的意思，我還可以再磨蹭五年？其實，人生有許多的經驗等到發現時可能都已經晚了。這次在法蘭克福書展時，蘇童跟我說——蘇童其實是個非常熱愛寫短篇小說的作家，他的短篇小說可以說幾乎每一篇都是好的，他寫了數量驚人的短篇，幾乎沒有一篇是弱的，這本身就不容易。我寫隨筆寫了四、五年，我突然發現我應該回來寫長篇。因為寫長篇對身體和記憶力的要求很高，寫隨筆的要求相對低。這次蘇童對我說，他也發現這個問題了。短篇小說應該老了以後再寫，現在應該多寫長篇。我們都共同經歷了這樣一個經驗：當你發現的時候，一晃，五六七八年過去了。我倒不是為了吊人胃口才要在五年後再給讀者一個長篇，《兄弟》在國外的巨大成功以後，我又面臨一個新的問題，這是我以前沒有面對過的。雖然《活著》、《許三觀賣血記》也在國外陸續地出版，但我還真沒有為此到國外做過宣傳。《兄弟》是第一次。等到寫完《兄弟》之後一年多，我開始寫新的長篇小說的時候，《兄弟》在國外的出版高峰到了，就要求你去做宣傳，你就得去。這也是一個經驗。這樣一耗，又一兩年去掉了，從〇八年到〇九年，我基本在國外奔波，跑得人都疲憊不堪了。我發現這也沒什麼太大的意義。但出版商要求你去，某種意義上，出版商請你去的話還是對你的重視。哈金說，很多美國作家都抱怨，說他們的書出來後，出版商沒有請他們去跑。但我以後如果再出新書的話，我不再跑了。國內也不跑，國外也不跑。因為我已經五十歲了。這都是人生的經驗，等你悟到的時候已經晚了。

對先鋒文學的所有批評都是一種高估

王侃：你作為一個作家，不是從「先鋒」開始的，但卻是因為「先鋒」而被讀者和文學史所銘記的。從目前坊間流傳的各種版本的余華作品集來看，你本人也把自己的文學起點定位在「先鋒」時代。曾有一個訪談，你在其中稱自己是「永遠的先鋒派」，而在另一個訪談中，你則稱另一名著名作家才是「真正的先鋒」。我想問的是：什麼是「永遠的先鋒」，什麼又才是「真正的先鋒」？

余華：「永遠的先鋒」是對自己而言的。就是你不斷地在往前走，不能在一個平面上打轉，這就是一個永遠的先鋒，只要不斷地往前走，哪怕寫下了失敗的作品，沒關係，他仍然是先鋒。至於「真正的先鋒」，我想是指一種精神和思想層面上的東西，是一種敏銳。這已經不是一個形式主義時代了，今天這個時代已經沒有任何新的形式了。就敘事來說，國外的評論之所以把《兄弟》稱為是「全新的小說」，那是因為《兄弟》把各種不同的敘述方式揉在一塊兒了；他們所謂「全新」，其實也不算新。所以我覺得，作為真正的先鋒，我認為就是一種敏感。一九九五年寫賣血的故事比之二〇〇五年寫賣血的故事，就是一種「先鋒」。河南愛滋村事件出來之後，多少人去寫那個報告文學，對於文學來說，那已經不算什麼了。二〇〇五年和二〇〇六年出版《兄弟》這樣題材的作品，比之十年之後出版類似的作品，當然也是「先鋒」。這就是一種敏銳性。我還是認為我兩者兼備。可能有人不同意，那是他們的事情。

王侃：前些天讀了一篇文章，其中談到先鋒文學。這篇文章從啟蒙角度切入談論先鋒文學，認為先鋒文學不具備思想啟蒙的意義，最多也只有文學啟蒙的意義，並且正是由於它的表演性沖淡了它的啟蒙性。現在回頭看當年的先鋒文學，你自己對它有一個什麼樣的評價或定位？

余華：我的先鋒小說裡也有一些是具有批判性的，像《現實一種》、《一九八六年》，是吧？

我很難去談論整個先鋒文學。中國的新時期文學，從「傷痕」、「反思」、「尋根」、「先鋒」，四個流派，十年就經歷完了，夠快的。我始終認為，對先鋒文學的討論，至今沒有真正意義上的評估。因為我們的當代文學研究是屬於那種與時俱進型的，喜歡追新逐異，除了當年陳曉明等人為先鋒文學寫下一些論文後，這樣的討論慢慢開始少了。其實從我個人的角度來說，我認為，從「傷痕」到「反思」，到「尋根」，到「先鋒」，這是一個中國當代文學的成長史。我認為先鋒文學最多是大學畢業，甚至是中學畢業。真正成熟的文學，是在先鋒文學之後，再也沒有什麼流派了，作家們也不容易歸類了，當作家們很容易被歸類時的文學都是不可靠的。你看，法國的「新小說」

是可以被歸類的，但我可以說，「新小說」在世界文學史上已經沒有地位了，在今後的法國文學史上地位仍然也不會太高。先鋒小說，有時就被人稱為「實驗小說」，我認為「實驗小說」的提法比「先鋒小說」更為準確。但是必須要看到，一些先鋒作家，如馬原、殘雪、莫言、蘇童等，他們的作品，或者在思想啟蒙性上，或者在藝術啟蒙性上，都是高於同時代的其他作家和作品的。不過，這個「高於」究竟有多高，我看也並不有多高。從一九七八年到一九八八年，中國文學出現了四大流派，中間還包括一個「新寫實」，太密集了，用一句與時俱進的話來說，優秀的文學是不會用勞動密集型的方式產生的。我認為，寫作的分化才是文學成熟的標誌。到現在為止，不管別人如何批評先鋒文學，我認為他們對先鋒文學的批評，其實都是對先鋒文學高估了。別說是思想啟蒙，稱先鋒文學是文學啟蒙，我都認為是給先鋒文學貼金了。先鋒文學沒那麼了不起。它還是個學徒階段。在經歷了「大躍進」、經歷了「文革」之後，我們的中國已經沒有文學了，那個時代我們所有的作家，寫小說的風格都是一樣的。一個有差不多十億人口的國家，用一種方式寫小說，這是可怕的。那些小說，唯一的不同就是題材的不同：你寫農村，我寫工廠；你寫教育，我寫知青。但其實寫作方式都是一樣的。所以，從「傷痕」到「先鋒」，這十年間，我們只是完成了一個學徒階段。從此之後，中國文學不再是一個徒弟了。當然，是否能成為師傅，現在還很難說。可以這麼說，「尋根」、「先鋒」、「新寫實」標誌著中國文學的學徒階段結束了。僅此而已。

我想寫出一個國家的疼痛

王侃：接下來的問題，算是老生常談，但卻是每個作家都必須認真面對的問題。前些天我讀喬治．歐威爾的一本隨筆集，其中有篇文章就題為〈我為什麼寫作〉。歐威爾認為作家的寫作通常有四個動機：一是純粹的自我中心，想出人頭地，滿足虛榮，希望成為別人的談資等；二是審美的熱情，他認為火車時刻表以上的文字或書寫都應該具有美感形式；三是歷史方面的衝動，這是一種講述歷史事實、揭示歷史真相的衝動；四是政治方面的目的，所以他認為他的寫作是為了社會公正，他之所以要寫書是為了揭露政治謊言。這四種動機是共存的，但在作家寫作的不同時期會有所側重。歐威爾就認為，他後來的寫作就是一種政治寫作，離開「政治」，他的寫作一文不值。你在講述自己的文學生涯時，多次提到過從牙醫到文化館創作員的身分轉換，提到那樣的轉換是出於對生活境遇的追求。但「為何寫作」對於現在的你來說，一定別有意義吧？

余華：我也曾寫過一篇隨筆也叫〈我為何寫作〉，講述自己如何從一個功利的起點出發，最後獲得了一種精神的昇華。我認為寫作可以使一個人的人生變得完整起來。一個人總會有很多欲望、情感在現實生活中因為種種限制無從表達，但可以在虛構的世界裡得以表達。我也說過，寫作讓我擁有了兩條人生道路，一條是虛構的，另一條是現實的，而且隨著寫作的深入，虛構的人生越來越豐富，現實的人生越來越貧乏。現在讓我來回答「我為何寫作」的問題，我想，可惜喬治·歐威爾早逝，如果他活到七十歲，關於「為何寫作」的問題他會給出四十個而不是四個答案，或者，甚至，他一個答案都沒有。我現在也一樣，我覺得「為何寫作」的理由就像這個世界上的道路一樣多。

我昨天在杭州，剛剛為我即將在國外出版的一本隨筆集寫了一個後記。這個後記用了我以前寫過的一篇文章，也是給一家義大利的雜誌寫的一篇文章，這篇文章後來也在《作家》雜誌發表了，題目叫〈中國早就變化了〉。我寫了一個我親歷的故事。一九七八年，我剛剛去牙科醫院報到時，由於我是醫院裡最年輕的，所以夏天打預防針的工作全落到我頭上了。那個夏天，我基本上每天都戴著草帽揹著藥箱外出打針。我的任務對象是工廠和幼稚園。那個時候沒有一次性的針筒和針頭，消毒也是極其簡單，就是用自來水沖洗一下，然後放在鋁盒裡像蒸饅頭一樣蒸上兩小時就算是消毒了。第二天，等它涼了，我再把它放進藥箱去給人打預防針。由於當時的物資條件非常貧乏，那些針頭都是有倒鉤的。這件事對我來說是銘心刻骨的。我第一天去打針的時候，去的是工廠，給人扎針後，針頭拔出來會鉤出帶血的肉粒，那些工人啊，捲著袖管，排著隊，非常有秩序，沒有人哭的，當然有人呻吟了一下。我也不在意，我心想反正每年使用的都是有倒鉤的針頭嘛。到了下午去幼稚園，簡直是慘不忍睹，哭聲一片。而且三歲到六歲的小孩，因為皮肉嬌嫩，鉤出的肉粒都比大人的大，而且沒打針的孩子比正在打針的孩子哭得還要厲害，為什麼呢？我在那篇文章裡寫道：他們看到的疼痛更甚於經歷的疼痛。後來我也常回憶這段往事，心裡也十分內疚，我就在想，為什麼我沒有在幼稚園的孩子哭聲之前就先發現，其實工人們也是疼痛的。假如我用這個有倒鉤的針頭先扎進我自己的胳膊，再鉤出我自己的肉粒來，我就會知道工人們的疼痛。所以我在我那本即將出版的隨筆集的後記裡最後寫下了這樣兩句話——這可視為我今天為何寫作的理由：我在這本書裡想寫下一個國家的疼痛，也想寫下自己的疼痛，因為國家的疼痛也是我個人的疼痛。可以說，從我寫長篇小說開始，我就一直想寫人的疼痛和一個國家的疼痛。

二〇一〇年一月二十三日

當代中國文學對外譯介的現狀與未來

選擇好譯者

許鈞（浙江大學資深教授、著名翻譯家）：余華先生，你好！非常感謝你接受採訪，談談當代中國文學對外譯介的現狀與未來。作為當代中國最有影響力的作家之一，無論在國內還是海外，你都享有很高的聲譽。據我們了解，從先鋒時期的作品到現實主義的小說，你的作品被廣泛地翻譯成英文、法文、德文、俄文、西班牙文、荷蘭文、挪威文、希伯來文、日文等二十多種文字在國外出版，在國際文壇得到了熱烈的關注和很高的評價。能不能請你談一談你的作品目前在國外譯介和傳播的情況？

余華：目前來看，我的作品在不同的國家受到歡迎的也不一樣，《活著》在美國、義大利、西班牙表現最好，法國和德國的讀者最喜歡的是《兄弟》，日本也是《兄弟》的銷售和評論最好，《許三觀賣血記》在韓國很熱。其他國家的情況我不是很了解，我沒有得到充分的回饋。越南可能都不錯，因為他們的出版社在爭搶我的書的版權；《兄弟》在挪威出版一年後出平裝本，這個信號顯示《兄弟》在挪威不錯；《活著》被瑞典教育部和文化委員會列入推薦書目，向中學生推薦的。很多國家的譯者說我的書在他們國家不錯，可是我沒有得到具體的資料，所以不好說。

許鈞：一個作家能寫出震撼人心的作品，從根本上來說是出於對文學的愛，讓作品深入到人性深處，感染人體的每一個細胞。一個翻譯家能譯出優秀的作品，也是出於對文學和文化的愛和理解，同時成為一個嚴肅的文藝批評家，這在某種意義上是不可替換的，也是可遇不可求的。總體來看，你是非常幸運的一個，在不同的國家都遇到了不少優秀的翻譯家，譯作的翻譯品質不錯，不少作品獲得了多個重要的國際文學獎。比如《活著》獲義大利最高文學獎——格林扎納．卡佛文學獎，《呼喊與細雨》被譯成法語後很成功，你獲得了法國文化部授予的藝術與文學騎士勳章，《兄弟》獲法國國際信使外國小說獎。能否請你談談你是如何邂逅、選擇這些優秀譯者的？不同文化背景下的你們，又是如何相互溝通，建立有效的交流的？

余華：優秀的譯者是可遇不可求的，我幸運地遇上了很多好譯者。其實我一直是被動的，不是我選擇譯者，是譯者選擇我。這和我在國外的出版經歷有關，開始的時候是那些國家的譯者來找我，翻譯完成我的小說後他們再去找出版社，所以譯者最初還承擔了經紀人的工作。後來我有了國際版權經理以後情況也沒有太多的改變，因為我在那些國家都有了可以信任的譯者，而出版社也會徵求我的意見，誰來翻譯我的新書？我不懂外語，我對譯者的信任是建立在對他們的了解上。如果是一個對自己母語文學不了解的人想翻譯我的作品，我會謝絕。當然我首先會和他聊天，聊他的國家的文學，如果他表現出不太了解自己國家的文學，我不會與他合作。一個對自己母語文學沒有興趣的人想來翻譯中國的文學作品，我覺得不會是一個好譯者。因為這樣的譯者僅僅是想翻譯一本書，而不是出於對文學的喜愛來翻譯小說。

許鈞：在二〇一〇年的「漢學家文學翻譯國際研討會」上，你曾經對翻譯作過一個比喻，你認為：「在文學翻譯作品中做一些內科式的治療是應該的，打打針、吃吃藥，但是我不贊成動外科手術，截掉一條大腿、切掉一個肺，所以最好不要做外科手術。」從這一比喻中能看出，你認為對於原文，翻譯時最好只採取一些保守的治療方法，不要去改變原文外在的骨骼和形體，也不要去丟棄原文內在的組織和氣韻。這裡涉及的其實是翻譯中最根本的問題：什麼樣的譯文是好的譯文？我們自身的處境和文化框架往往會決定譯者選擇何種文化立場、翻譯原則和翻譯方法。而漢語與其他語言之間的不對應性和非共通性使得這些選擇變得更為困難。我想知道，作為一個作家，你認為什麼樣的翻譯是最理想的？你所指的「內科式的治療」是什麼？「外科手術」又是什麼？

余華：尊重原著應該是翻譯的底線，當然這個尊重是活的，不是死的，正如你說的「漢語與其他語言之間的不對應性和非共通性使得這些選擇變得更為困難」，所以我說的「內科式的治療」是請翻譯家靈活地尊重原著，不是那種死板的直譯，而是充分理解作品之後的意譯，我覺得在一些兩種語言不對應的地方，翻譯時用入鄉隨俗的方式可能更好。「外科手術」就是將原著裡的段落甚至是章節刪除，有這樣的翻譯，一本應該六百多頁的小說，最後翻譯出來只有四百多頁。美國一所大學的教授告訴我，他在自己學校組織了一位中國作家的作品朗誦會，結果中文版的段落朗誦完了，在英文版裡找不到。這樣的「外科手術式」的翻譯是我不能接受的。

許鈞：我還想再問一個有關「怎麼譯」的問題。中國和其他國家有著巨大的文化差異，這就導致在翻譯一些中國術語和中國概念的時候，譯者往往面臨巨大的挑戰。如果按照原文直譯的話，那麼就會比較少考慮譯本讀者的語言表達習慣，常常造成讀者接受層面的困難；如果用西方的概念和形象來描述、解釋和替換中國文化，那麼中國文學和文化的形象就會被淡化，甚至迷失，翻譯的意義和價值就會打折扣。我看過你的一些作品的法譯本和英譯本，應該說翻譯品質相當地好，但是這種問題也會時不時地跳出來。比如，《許三觀賣血記》裡面的「油條西施」，英譯本裡面翻譯的是「the Fried Dough Queen」，典型的中國形象「西施」變成了西方的「女王」。這種例子還有不少。我想知道，你作為原作者，對這個翻譯問題是怎麼看的？你希望你的譯者在面對這些中國形象和中國概念的時候，採取什麼樣的翻譯立場和翻譯方法呢？是盡可能保留原文的風貌，還是以讀者為依歸，強調譯文的可傳達性呢？

余華：我贊成「女王」這個譯法，如果用「西施」的拼音，外國讀者不會明白，要讓他們明白「西施」，只能用註解，可是讀小說的時候還要去讀註解是一件彆扭的事。《兄弟》的法文版有二十頁的註解，這些都是完全無法對應翻譯的部分，我的兩位法文譯者的翻譯已經非常巧妙了，法國讀者完全可以通過上下文理解其中的意思，但是他們擔心有些法國讀者會對某個表述的中國含義深究下去，所以用了二十頁來註解，而且將這些註解放在小說的最後，讓一些喜歡深究其含義的讀者到最後面去尋找，對於大多數讀者來說，不會影響閱讀的流暢性。對於原文一些不可翻譯的地方，我覺得用可傳達性的方式來表現應該更好，雖然會損害一些原文的風貌，可是原文的含義因此充分表達出來了。譯文肯定會在一些地方損害原文，但是又會在另外一些地方加強原文，會讓原文更加出彩。所以在我看來，譯文和原文不像是戀愛關係，像是拳擊比賽，譯文給原文一拳，原文還譯文一拳，你來我往，有時候原文贏了，有時候譯文贏了，十個回合以後打了一個平手，然後偉大的譯文出現了。

走入外國主流出版社

許鈞：一直以來，中國文學作品在海外的出版發行都有一定的困難，主流出版機構參與度不高，傳播管道也不夠通暢，這樣就很難真正地形成影響力，這裡有來自文化趣味、市場運作、意識形態等各種因素的制約。但是我知道在這種較為普遍的困境中，你的作品還是得到了一些外國主流出版社的大力推介，可以看成中國當代文學走入外部世界的成功個案。比如在法國，你的小說從二〇〇〇年起，就固定在Actes Sud出版，這是法國一家十分有影響力的出版社。在美國，著名的蘭登書屋出版了《活著》、《許三觀賣血記》、《呼喊與細雨》、《兄弟》等等。這種長期穩定的合作關係對提升作家和作品的文學聲譽具有十分重要的作用。能否請你談談你與這些主流出版社的合作過程？你們在交流的過程中，有過誤會和衝突嗎？有哪些值得吸取的教訓和經驗嗎？

余華：一九九四年法國出版了我的兩本書，一部是《活著》，一部是小說集《世事如煙》，這是我最早在國外出版的小說。至今有十九年了，回顧這段時間，我在國外的出版是一個慢熱的過程。我九五年去法國的時候，見到了《活著》的編輯，最大的阿歇特出版社（Hachette Livre）的編輯，也見到了《世事如煙》的編輯，一家小出版社的編輯，當時《許三觀賣血記》快要寫完了，我告訴這兩位編輯，可是他們對出版《許三觀賣血記》沒有興趣。這時候巴黎東方語言學院的漢學教授何碧玉（Isabelle Rabut）剛剛擔任Actes Sud的中國文學叢書主編，她長期以來欣賞的我作品，一直關注我，她拿到《許三觀賣血記》的列印稿，讀完後很興奮，立刻說服Actes Sud買下版權，九七年就出版了。後來我的書全部在Actes Sud出版，這是一家非常好的出版社，我開始的幾本書都讓他們賠錢了，可是他們告訴我，只要是我的書，就是賠錢也會繼續出版。他們對我有信心，謝天謝地，後來讓他們賺錢了，尤其是《兄弟》，在法國非常成功。蘭登書屋對我也是一直保持信心，他們已經出版了我五本書，明年將出版兩本新的，短篇小說集《黃昏裡的男孩》和《第七天》。他們二〇〇三年出版了《活著》和《許三觀賣血記》，此前這兩本書的英譯文在美國轉了幾家出版社，幾個編輯都說喜歡，可是沒有出版和推廣中國小說的經驗，他們都放棄了，然後轉到哈金的編輯手上，她是著名的編輯，她喜歡這兩部小說，而且她編輯哈金的書在美國成功以後，就有了出版中國小說的經驗和信心。她當初覺得《活著》和《許三觀賣血記》可以分別銷售五千冊，結果《許三觀賣血記》銷售了一萬三千冊，《活著》銷售了三萬四千冊，現在十年過去了，《活著》每年仍然能銷售三千冊左右。《呼喊與細雨》是〇七年出版的，起初他們不準備出版，專門開了一個會，討論的結果是不出版《呼喊與細雨》。我的編輯告訴我，《活著》和《許三觀賣血記》在美國出版後情況還算不錯，如果接下去出版《呼喊與細雨》的話，我在美國的前途有可能夭折。我堅持要出版，我說夭折就夭折吧，他們還是出版了。到了《兄弟》的時候，我的編輯已經非常信任我了，還沒有一個字翻譯成英文，她就開價十五萬美元買下了版權。這次的《第七天》，我要求英文版明年出版精裝本，後年出版平裝本，她就按照這個時間進行出版安排了。美國是全世界出版外國文學作品最難的地方，我很幸運遇到現在的編輯，她很尊重我，十多年來一直如此。〇三年的時候她就拿到《黃昏裡的男孩》的英譯文，她說她會出版，但不是現在，希望我信任她，給她時間，等到時機成熟的時候她就會出版，意思是等我在美國有了影響力以後再出版，因為短篇小說集的市場前景遠不如長篇小說，我信任她，等了十年，明年一月終於要出版了。《紐約客》（*The New Yorker*）今年八月二十六日這一期發表了其中一篇，同時介紹我將要出版的《黃昏裡的男孩》。《紐約客》的發表讓我的編輯很興奮，因為他們每期只發表一篇小說，很不容易。《紐約客》的小說主編很喜歡我的這部短篇小說集，給我寫郵件說期待以後繼續合作；負責我《紐約時報》（*The New York Times*）專欄文章的評論版編輯也看到了《紐約客》上的短篇小說，寫來郵件祝賀，說他熱烈期待著《黃昏裡的男孩》出版。所以我覺得我的編輯讓我等十年是對的，如果是十年前就出版，《紐約客》是不會發表其中一篇的。我的編輯在美國一步一個腳印把我往前推，我們一直以來互相信任，當然也有不同意見的時候，〇八年她拿到《兄弟》英譯文的列印稿時，厚厚一疊把她嚇了一跳，和我商量是否做一些刪節，讓書薄一些，因為美國讀者很難接受太厚的小說。我沒有同意，她尊重我，就沒有做任何刪節。

外國媒體與讀者評價

許鈞：中國文學對整個世界文學的影響力大小不僅取決於上述我們談到的幾個問題，同時也被外國讀者的閱讀視野和接受方式所左右。你的作品在國外的影響力很大，得到了包括主流媒體在內的專業讀者群的高度評價，這是非常不容易的。以《兄弟》為例，法文版被法國主流社會稱為「當代中國的史詩」、「法國讀者所知的余華最為偉大的作品」，英文版也得到《紐約時報》、《紐約客》、《華盛頓郵報》（*The Washington Post*）等眾多美國權威媒體和一些著名評論家的一致好評。能否請你談談，對於你作品中的中國文學特性，他們是怎樣去欣賞的？他們是否會特別關注作品內容是否具有社會性、批判性，乃至政治性？

余華：首先是小說的文學特徵吸引了出版社的編輯，他們出版了，然後評論和讀者關注了，當然這些關注裡有很多社會和政治的成分。《兄弟》出版以後，德國有些書評非常驚訝這本書為什麼在中國沒有被禁止，法國和美國也有類似的驚訝。他們的書評在讚揚這部小說的藝術性的同時，也關注到了這部小說的社會性、批判性和其中的政治性。我去美國和歐洲為《兄弟》做宣傳時，他們讚揚我很勇敢，我說不是我勇敢，是中國社會越來越開放和寬容了，否則我再勇敢，《兄弟》也無法出版。明後兩年將是《第七天》的歐美出版高峰期，到了那時候歐美的書評人會更加驚訝，他們肯定無法想像《第七天》可以在中國出版。當初《呼喊與細雨》出版英文版時，《時代》（*Time*）週刊有一篇書評，說這是一本持不同政見的小說。西方社會對中國的了解是滯後的，他們經常不理解我怎麼可以暢通無阻地在中國出版這些小說，從這個意義上說，我在讓西方社會了解今日中國時起到了一些實際作用。我記得有一篇英文的書評裡說，如果用藝術的進步來衡量一個國家的發展，那麼《兄弟》告訴我們，中國社會已經發展到了相當的程度。

許鈞：剛才我們主要談論的是包括主流媒體在內的專業讀者群。此外，普通讀者對作品的接受和回饋也在很大程度上決定了文學的影響力。大家都知道，讓國外廣大的讀者喜歡上中國當代文學是非常不容易的。比如在美國，普通讀者對現當代中國文學的好奇心並不強，因為美國在過去很長一段時間裡都不重視外域的文化，這就影響了普通民眾對翻譯作品的接受。不過，《兄弟》在歐美市場的銷量非常好，你也經常受到國外出版社、大學的邀請，到世界各地巡迴演講、訪問、推廣作品，和當地的讀者面對面，能否請你談談你對西方讀者的看法？這些年來，國外讀者的構成是否發生了一些變化？他們的閱讀趣味是否也發生了一些變化呢？

余華：我印象中的西方讀者閱讀十分寬廣，尤其是法國讀者，什麼敘事風格的小說都讀過了，什麼樣的小說都不會讓他們接受不了。《兄弟》裡的粗俗讓一些中國讀者難以接受，可是西方讀者沒有問題，他們中間有人問過我，《兄弟》裡哪些內容讓這本書在中國爭議很大，我說出來爭議的部分時，他們感到難以理解，因為比《兄弟》粗俗的西方小說太多了，美國的《科克斯書評》（*Kirkus Reviews*）稱《兄弟》是一部汙垢斑斑的偉大小說。《第七天》還沒有在歐美出版，但是我想出版後的情況會和《兄弟》差不多，在中國充滿爭議，在歐美不會有什麼爭議。中國一些讀者批評《第七天》裡有太多的社會熱點新聞，類似的外國小說其實不少，像《二六六六》的第四章〈罪行〉裡，羅列了一百多個姦殺案，都是從報紙上拿下來的新聞事件，沒有讀者去批評這個，就是生活在那個地方的讀者也沒有站出來批評《二六六六》。有一些人說我的小說是寫給西方人讀的，所以西方讀者理解起來沒有問題，這個說法是不成立的，因為我的小說在中國受到的歡迎遠遠超過西方。《兄弟》在法國出版後廣獲好評，我的英文譯者在網上讀了法語的評論，來中國時告訴中國的幾位評論家，說這本書在法國很受好評，這幾位評論家說那是因為法國的評論者沒有讀過我以前的《活著》和《許三觀賣血記》，他們不知道不少法語評論裡都拿《活著》和《許三觀賣血記》來跟

《兄弟》做比較。

新媒體的衝擊與影響

許鈞：從總體上來說，目前文學還處在邊緣化的地位，尤其在當今的讀圖時代，圖像文化一步步擠壓著印刷文化。從一個方面來看，圖像可以推動文學作品的傳播，比如《活著》拍成電影後，在法國、美國、英國等地屢獲大獎，這也反過來推動了原著各個譯本的銷售。莫言的《紅高粱》也是這種情況。但是從另一個方面來看，現在步入二十一世紀，網路、手機、影像等多媒體的普及，也讓文學被隨意更改，甚至乾脆被符號和圖像取代，讀者群也逐步流失。同樣，文學譯介也面臨著很多類似的變化和挑戰。能否請你談談，目前你的作品譯介是否受到了這些新媒體的衝擊和影響？作為對外傳播的新方式，它們有沒有促進作品在國外的推廣和接受？同時，它們有沒有帶來一些消極的變化和阻礙？我們應該怎麼應對這些挑戰，通過對文學作品的譯介來反映中國文化的深層資訊和特徵？

余華：確實如此，中國電影，尤其是張藝謀的早期電影曾經幫助中國的小說走進西方，但是近十年來情況變了，中國小說在西方世界的影響已經超過中國電影。這和審查制度有關，電影審查太嚴格了，很多導演拍不了自己想拍的電影，只能去拍一些迎合市場的電影，這些電影在中國的市場上獲得了成功，卻失去了電影應有的價值，也就失去了中國以外的觀眾，中國電影玩大片是玩不過好萊塢的，只能拍出真正意義上的好電影，而不是胡編亂造的電影，才能重返世界電影舞台。我曾經說過，現在進電影院看不到和我們有關的生活，看到的都是和我們無關的傳說。小說的審查相對寬鬆很多，所以中國的小說一如既往在努力，慢慢地在西方世界影響越來越大。至於邊緣化，我覺得對於文學，邊緣化是它正確的位置，文學從來都不應該是中心，文學的力量是用耐力來表現的，它不是百米飛人大戰，它是馬拉松，當很多時髦的和轟動的消失之後，文學開始告訴我們它存在的理由。至於新媒體的衝擊，西方好像沒有中國這麼激烈，這可能和西方有效的智慧財產權保護有關，我的書在西方出版後，同時也有電子書銷售，但是電子書的價格比紙質書沒有便宜太多，這對電子書的銷售是有影響的。蘭登書屋給了我一個帳號，我可以上去查自己英文版小說的每週銷售情況，紙質書的銷售始終多於電子書。也許將來紙質書會消失，但是文學不會消失，只要文學不會消失，我一點也不用擔心。不管是什麼樣的挑戰，都會過去的，我們只要做到視而不見，寫該寫的作品，翻譯該翻譯的作品，那些挑戰也就只好自娛自樂地從我們身邊晃過去了。

文學如何「走出去」

許鈞：近年來，中國文學界一直在不斷努力，使得中國當代文學走向世界的步伐明顯加快，影響力也在逐漸擴大。但就整體而言，中國當代文學在國外的譯介要走的路程還很遠，我們的「譯入」和「譯出」之間仍然存在著明顯的不均衡現象。文學譯出去的數量和美國、德國、日本等國文學在中國譯介的數量相比，相差懸殊。另外由於我們與其他國家的文化差異巨大，文學作品的翻譯難度很大，我們的翻譯隊伍陣容不夠強大，翻譯得到的報酬太低、認可太少等等，這些都是亟待解決的問題。作為一個有眾多作品被成功譯介的著名作家，能否請你為中國當代文學「走出去」的整體現狀把把脈？你覺得目前存在一些什麼樣的問題和阻礙呢？

余華：中國的文學目前仍然是進口大國出口小國，不過這個世界上文學出口多於進口的國家也不多，美國是一個，其他國家不好說，法國文學出口量很大，可是主要是其過去時代作家的經典作品。僅從當代文學來說，中國現在的上升趨勢不錯，如果不算總量，只算增量，中國文學出口可以在世界上名列前茅了，因為我們的基數低，所以增長看上去十分喜人。不過中國文學想在當代世界文學舞台上扮演主角的機會十分渺茫，這個主角被美國佬占據了，凡是被美國佬占據的位置，就很難擠掉他，但是中國文學在這個舞台上不能總是跑龍套，不能總是群眾演員，怎麼也得爭取個配角過來，要想成為配角的話，翻譯是主要問題，現在國外翻譯中國文學的漢學家正在減少，尤其是優秀的翻譯家，一部分年紀大了，一部分工作壓力太大，沒有時間和精力繼續從事翻譯，這是因為翻譯家所得到的報酬太少，無法靠翻譯養活自己，中國的翻譯家也是一樣，這個問題要解決的話，就需要出版商出手闊綽，可是出版商都是葛朗台先生。好在很多翻譯家是出於對文學的熱愛從事翻譯，不是為了掙錢從事翻譯，所以翻譯家大多是雷鋒同志。

許鈞：剛才談了很多的問題和阻礙，不過，我們現在面臨著一個前所未有的大好時機。去年底，國家提出「文化強國」的奮鬥目標，非常重視「中國文化走出去」。各級政府目前都在採取各種積極措施，推動中國文學走向世界，成為世界文學的一個重要組成部分。這需要文學界、翻譯界、翻譯研究界、對外漢語言文化推廣和傳播機構的努力，也需要不斷加強中外語言文化交流。不過我們「走出去」的步伐不能太急促，不能太盲目，不能一股腦地什麼都往外面送，大躍進只能適得其反。尤其是中國當代文學，我們要了解國外需要什麼，讀者喜歡什麼。作為中國在海外最有影響力的作家，你一直很關注中外文化交流，也一直喜歡閱讀和研究外國文學，了解外國圖書市場，能否請你談談你對中國當代文學的對外譯介和推廣有什麼建議呢？你覺得我們的政府和文化管理機構應該採取什麼樣的激勵措施來幫助中國文學走出去，擴大中國文學在國際的影響呢？

余華：我們政府給予作家的作品走向國外的支援力度可能是世界上最大的，我知道過去的日本很大，現在不能和中國比了。但是這裡面有兩個問題，首先政府拿出資金來是為了支援優秀的文學作品走出去，可是往往是很一般的作品得到了資助。三年前我在歐洲遇到一個中國人，他在搞出版仲介，向中國有關部門申請出版資助，他告訴我幾本書的書名後，我就明白那幾本書的作者肯定是跑了關係的。其次是不要以為出版了就是成功，很多書出版後無聲無息，這和沒有出版一樣。真正優秀的中國小說，就是沒有政府資助也會得到出版機會，而且得到國外好的評論和國外讀者的讚揚。當然，對於一部作品是否優秀，每個人的看法不一樣。前不久有一個民營書商說他收購一家美國的出版社，不知道是真是假，我希望是假的，如果是真的，我想他可能是想拿這個去騙政府的錢。還有中國的出版社竟然出版起中國作家的外文版了，有幾個出版社給我寫郵件，說是要出版我的書的英文版，把我推廣到美國去，我心想你們出版的英文版只能堆在倉庫裡，我沒有理睬他們，我知道他們是想借這個項目弄到政府的錢。現在有中國的出版社搞什麼和外國出版社合作出版外文版，這個也是在騙政府的錢。對於西方的出版社，你給他們錢，他們肯定要，但是他們不會當真，反正你自己玩吧，他們還是按照自己的出版計畫在出版，這種合作出版的外文版只能在中國的某個角落裡看到，在那些收錢讓你掛名的出版社的國家裡很難找到。

許鈞：非常感謝你，結合自己進行文學和文化交流的經驗，為當代中國文學的譯介現狀診脈，提出了許多寶貴的意見和建議，這可以幫助我們很好地反思我們的文學譯介事業。相信在不遠的未來，在大家的共同努力下，中國文學對外譯介和外國文學作品在中國的譯介一樣，會迎來一個百花齊放的美好局面。最後，能否請你送幾句話給我們的翻譯工作者？

余華：繼續譯下去吧，就像我繼續寫下去一樣。我成為作家之前是牙醫，對我來說作家這個職業再不好也比牙醫好，小說怎麼也比牙齒有意思；你們以前都是大學生，被教授訓斥，準備無聊的考試，現在你們是教授是翻譯家了，翻譯家這個職業再不好也比大學生好。既然往回走不是一條好路，就只有往前走了。

二〇一三年九月十三日

輯二

答波士頓廣播電台評論員威廉・馬克思

威廉・馬克思（William Max）：《呼喊與細雨》是一九九一年您三十一歲的時候寫的，是您的第一部長篇小說。在這本書裡，您從一個男青年的角度記述六、七〇年代一個家庭的困難生活。回過頭來，您今天怎麼看這部小說？如果現在有機會修改或增訂的話，您會做一些改動嗎？

余華：是的，這是我的第一部長篇小說，在此之前我已經寫了七年，有五部短篇小說集，有三十多個故事了。一九九一年的時候我決定寫作長篇小說了，說實話我那時候對寫作一個很長的故事沒有把握，此前我最長的故事也沒有超過五十頁，那時候我不知道怎樣才能將一個故事寫到三百頁，可是我想寫作一個長篇小說的欲望非常強烈，我告訴自己：別管那麼多了，寫吧。於是我開始寫作《呼喊與細雨》了。寫作其實和生活一樣，生活只有不斷地去經歷，才能知道生活是什麼；寫作只有不斷地去寫，才會知道寫作是什麼。然後我就找到了這部小說的結構，我不是用故事的邏輯來完成這部小說，而是用記憶的邏輯來完成，記憶不是按照時間的順序出現的，是按照情感的順序出現，比如說五年前的一件往事很可能勾起一年前的往事，然後再勾起十年前的往事，接著又勾起昨天的往事……如此連接下去，讓情感不斷深化。今天距離我完成這部小說整整十六年了，這部小說對我非常重要，因為從此以後我開始喜歡寫作長篇小說了。我覺得寫作短篇小說是工作，而寫作長篇小說是生活。為什麼？因為短篇小說總是在幾天內或者十幾天內完成，而且是在自己構思的控制下完成，很少有意外的出現；長篇小說的寫作完全不一樣，需要一年和幾年或者十年的時間來完成，這期間作者的生活也可能會變化，於是原有的構思也會變化，或者完全拋棄了原有的構思，寫作長篇小說經常會有意外的出現，所以我說它像是在生活。大家都喜歡生活，可是很少有人喜歡工作。至於是否會修改和增訂自己的舊作，我想我不會這麼做，雖然我曾經有過這樣的想法。我已經完成四部長篇小說，每一部完成的時候都在想以後有機會再修改或者增訂，可是事實上我從來沒有這麼做過，這樣的想法只是為了欺騙自己將小說拿出去出版，因為我知道自己的每一部小說都存在著瑕疵，只是暫時沒有發現，出版幾年以後會逐漸地發現。問題是沒有一部小說是完美的，總是有瑕疵存在，而且修改和增訂本身可能會增加新的瑕疵。所以我覺得一個作家對待他過去的作品，正確的態度應該像對待文物一樣，保持它們的本來面貌。

威廉．馬克思：您曾經說過，如果要了解當代中國，就必須了解文化大革命那個時代。《呼喊與細雨》中的貧窮、粗暴的農村人物如何幫助我們了解當前的中國社會？

余華：《呼喊與細雨》中的主要部分記錄了二十多年的生活，從一九六〇年代到一九八〇年代，也就是從文革生活開始，寫到改革開放初期的生活。這二十多年仍然是貧窮和壓抑的，我想這本小說裡的貧窮一目了然，至於精神上的壓抑，從故事的敘述者那裡也可以感受到，而裡面人物的一些粗暴言行，尤其是孫廣才，其實也是對精神生活壓抑的表達。在一個精神壓抑的社會體制裡，人們常常是以性格的粗暴來表達自己人性的呼喊。為什麼我要用《呼喊與細雨》這個書名？因為細雨中的景象總是灰濛濛的，總是壓抑的，而呼喊是生命的表達，是人性對精神壓抑的暴動。我們只能用粗暴的言行來表達自己人性的存在，雖然十分可悲，可是我們中國人就是這樣生活過來的。

威廉．馬克思：在此書的序文中，譯者白亞仁指出「與余華的不少其他作品相比，《呼喊與細雨》離作者的生活經歷似乎更近一些」。此書自傳的成分到底大不大？這個問題有意義嗎？此書的自傳性質有多重要？

余華：在我完成的四部長篇小說裡，《呼喊與細雨》和《兄弟》的人物的年齡和經歷與我最相近，所以認為它們與我的個人生活最接近是很正常的。其實這兩部小說裡的自傳成分和我的另外兩部小說《活著》和《許三觀賣血記》一樣多，對於一個作家來說，每一部作品都是他的自傳，也可以說都不是他的自傳。因為作家在他的每一部作品裡都傾注了自己的內心情感和生活感受，來創造出不是作家本人的人物，只是有些作品中的人物與作家的年齡經歷相近，有些作品中的人物相遠而已。

威廉．馬克思：中國人怎麼看《呼喊與細雨》對共產主義的批判態度？

余華：還沒有一個中國讀者告訴我，《呼喊與細雨》表達了作者對共產主義的批判態度。這個問題我在中國不會遇到，可是在西方經常遇到。我認為我寫下了中國人的生活，當然生活是包羅萬象的，包括了歷史、政治、經濟、地理等等，也包括了人的思想、情感和夢想等等。中國的讀者在中國的社會體制裡生活過來，他們閱讀我的作品，只是感受到我寫出了他們熟悉的生活。而西方的讀者因為在不同的社會體制裡生活，所以他們總是對我作品中的一些政治因素十分敏感，這也是很正常的。

威廉．馬克思：您希望以英語為母語的讀者讀完《呼喊與細雨》後會有什麼樣的收穫，什麼樣的心得？

余華：《呼喊與細雨》的原文是很優美的中文，我的朋友白亞仁用很優美的英文翻譯出來了，我希望英語讀者在品嘗白亞仁優美的英文時，可以想像中文的美麗。然後我希望英語讀者可以感受到中國人的生活態度和生活歷史，這和西方人的生活有所不同；最後我真正希望看到的是，就是英語讀者能夠在這本中國小說裡讀到他們自己的感受，或者喚醒他們記憶深處的某些情感。

威廉．馬克思：《呼喊與細雨》在某種程度上符合成長小說的模型，比如，它描述一位被異化的年輕敘述者對性的探索、以及他盡量逃避讓他窒息的家庭生活的經歷等情節。但同時，另外還有一個兒子用他父親的屍體作武器這樣的超現實主義情節。這本書離現實到底有多近或者多遠？

余華：事實上從寫作開始我就不希望這是一部成長小說，雖然它具有成長小說的模型，我希望通過這樣一種敘述方式表達出更加廣闊的內容，所以我也寫下了作品中「我」出生前的故事。我堅信一部優秀的小說在敘述上應該是自由的，應該有時候離現實很近，有時候又很遠。我覺得《呼喊與細雨》做到了這一點，它和現實的關係就是這樣，時遠時近。

威廉・馬克思：您的早期著作的實驗風格曾經引起爭論，後來在《活著》與《許三觀賣血記》中就轉變到較傳統的敘述方式。在這個演變過程當中，《呼喊與細雨》的位置是什麼？它與您的其他作品的關係是什麼？

余華：中國的批評家們一直在津津樂道我從《呼喊與細雨》以後的改變，討論我的寫作風格為什麼越來越樸素了？他們研究我的時候連我的兒子也不放過，說我是當上了父親以後才變得樸素起來，我覺得他們說得都有道理。但是我自己真正感受到的變化是，從寫作《呼喊與細雨》開始，我發現虛構的人物會有他們自己的聲音。這是我以前寫作短篇小說所沒有的經驗，短篇小說篇幅太短了，我還來不及聽到人物自己的聲音，故事就結束了。長篇小說就不一樣了，我有足夠的時間來傾聽虛構人物的聲音，這是很奇妙的，寫作進入到美好狀態時，常常會感到筆下人物自己說話了。然後我意識到，虛構的人物其實和現實中的人一樣，都有自己的人生道路。作者應該尊重筆下的人物，就像尊重他生活中的朋友一樣，然後貼著人物寫下去，讓人物自己去尋找命運，而不是作者為他們尋找命運。於是我的寫作就會不斷地出現意外，這是《呼喊與細雨》給我帶來的樂趣，從此以後我真正明白了什麼才是寫作的樂趣，後來完成的《活著》、《許三觀賣血記》和《兄弟》，讓我不斷擴大了這樣的樂趣。現在當我回想起自己以前寫下的人物時，我常常覺得他們不是虛構的，而是曾經在我生活中出現過的朋友。

威廉．馬克思：您的作品已被翻譯成了好幾個外文。您現在寫作時，心裡是否考慮到國際讀者的興趣和需求？

余華：不會考慮國際讀者的興趣和需求，就是中國讀者的興趣和需求我也不會考慮，因為我無法考慮。我的寫作不是面對一個或者幾個讀者，而是幾十萬和幾百萬的讀者，中國有句俗話叫眾口難調，再好的廚師做出來的菜也不會讓所有人都愛吃。我只能按照自己的方式寫作，我尊重讀者，但是我不會因為他們的興趣而改變自己的寫作。好比是一位ＮＢＡ的主教練，如果他按照球迷的意見來布置上場球員，那麼一場比賽他將會讓四百多個球員上場了，當然這是規則不允許的，ＮＢＡ聯盟裡總共只有四百五十個球員。

威廉．馬克思：您最新的長篇小說《兄弟》講了兩個兄弟的故事，記述了他們在當代中國怎麼去謀生，記述了他們在事業上、在性生活中的哀樂興衰，在中國是暢銷書。如果您要把《呼喊與細雨》與《兄弟》作比較，您覺得主要共同點與不同點是什麼？

余華：《呼喊與細雨》和《兄弟》有什麼相同的地方？有一點相同，就是裡面主要人物的年齡都和我這個作者相近。《兄弟》分成上下兩部，上部講述的是文革時期的故事，下部講述的是今天中國的故事，這是兩個絕然不同的時代，我用了天壤之別這個成語。我很高興《兄弟》的英文翻譯已經完成了初稿，我的編輯蘆安（LuAnn Walther）已經和她的助手一起，還有一位文字編輯一起開始編輯工作了，二〇〇八年秋天的時候，將由萬神殿（Pantheon）出版。

威廉．馬克思：從寫作《呼喊與細雨》的時候到現在，中國對作家的態度產生了什麼樣的變化？在市場經濟的環境中，作家的地位與待遇比以前好，還是比以前差？

余華：西方的記者總是驚訝我的作品為什麼沒有在中國被禁止，可是在中國，無論是讀者還是記者，沒有人認為我的作品應該被禁止，從這一點就可以看出來，中國的政治氣氛和社會氣氛越來越寬容。當然今天的作家面臨新的挑戰，在市場環境裡如何存在？有一些作家的地位和待遇確實比以前好多了，可是還有一些作家可能更差了。這是市場環境的共性，其他行業也一樣，不會所有的人都好起來，總有一些人的處境更糟糕。

二〇〇七年十月十一日

答《紐約客》小說主編黛博拉・特瑞斯曼

黛博拉・特瑞斯曼（Deborah Treisman）：《紐約客》這一期刊載你的小說〈勝利〉涉及到一個相當普遍的情況：一個女人發現她的丈夫對她不忠誠（起碼情感上如此，即使沒有發生性關係）。然而，與其說這個發現的後果是一次婚姻中的危機，不如說是一種意志的戰鬥。據你的理解，林紅為什麼以她這個方式應對她的發現？

余華：是的，這個故事講述的確實是一種意志的戰鬥。林紅發現丈夫李漢林的不忠之後的反應是懲罰他，不是結束婚姻，可是她又沒有找到懲罰的方法。在這場意志的戰鬥中，看上去林紅占據了主動，其實沒有，她一直處於被動之中，她在等待李漢林懲罰自己，等待李漢林找到解決這場危機的方法。李漢林在家裡低聲下氣，唯恐什麼地方惹怒了林紅，看上去他十分被動，實際上他並不被動。兩個人在面對這個危機時，採用的方式雖然不同，可是都在消耗對方的意志。因為雙方都不想因此結束婚姻，所以意志的拉鋸戰只能持續下去，用中國人的話說是鈍刀子割肉。

黛博拉・特瑞斯曼：小說的題目，以及最後幾句話，意味著林紅是這場戰鬥的勝利者。但是，她到底贏得了什麼？

余華：小說結尾的時候林紅勝利了，在她的要求下，李漢林做了似乎是羞辱自己情人的動作，至少在林紅看來是這樣。當然她只是在心理上勝利了，婚姻繼續下去，此外她並沒有贏得什麼。

黛博拉・特瑞斯曼：你很小心地不讓我們從李漢林的角度了解這個故事，除了個別比較關鍵的地方以外。他是否也覺得他獲得了勝利？還是他會覺得他輸了？

余華：李漢林被林紅發現婚外情之後，一直夾著尾巴做人，其目的就是保住婚姻，所以相比林紅，他更像是一個勝利者。不同的是，林紅是一個公開的勝利者，李漢林是一個悄悄的勝利者。

黛博拉．特瑞斯曼：在林紅發現了丈夫的祕密以前，你如何想像這一對夫妻的婚姻？

余華：這個問題很重要。我在寫小說的時候，必須去考慮很多不會寫進小說的內容，這些會說明我更加準確地去敘述小說中所要表達的內容。我設想過林紅和李漢林之前的婚姻狀態，就像比較普遍的婚姻那樣，他們的生活很平靜，很少有爭吵的時候，也很少有興奮激動的時候，與其說是他們正在相愛，不如說是他們正在生活。反而是危機出現後，他們發現是相愛的。

黛博拉．特瑞斯曼：〈勝利〉被收入《黃昏裡的男孩》一書，這個集子的英文版將於明年（二〇一四）一月出版。此書的副標題是「隱祕的中國的故事」，許多篇章的主人公是處於劣勢的小人物，是在當代中國社會受欺負的弱勢者。你認為林紅也屬於這一類人群嗎？這些故事在什麼意義上是「隱祕的」？

余華：這部集子表達的是中國人的日常生活，在今天的社會裡，人們關注的是一系列事件，日常生活總是被忽略，事件成為公開的故事，日常生活反而成為隱祕的故事。我想，這可能就是「隱祕的」在文學中出現時的意義。

黛博拉．特瑞斯曼：在你以前的一些作品中，例如《活著》與《兄弟》，你觸及了文化大革命的殘忍的暴力。《黃昏裡的男孩》收集的小說，顯得更溫和。這是因為你作為寫作者發生了轉變，還是因為你的國家發生了轉變？

余華：我的寫作總是在變化，因為我的國家總是在變化，這讓我的感受變了，看法也變了。另一方面，我的寫作有著不同的層面，有《活著》和《兄弟》這樣觸及文革的殘忍和暴力的作品，也有《黃昏裡的男孩》這樣溫和的作品。這和我具體的寫作有關，有時候是題材決定的。比如我剛剛出版的小說《第七天》，表達的是今日中國，具體說二〇一一年中國的現實。講述了一個人死去後的七天經歷，生者的世界充滿悲傷，死者的世界卻是無限美好。這是一部用借屍還魂的方式來敘述現實的小說，我自己覺得寫得很有力量。

二〇一三年八月十九日

答《洛杉磯書評》編輯梅蘭

梅蘭（**Megan Shank**，**《洛杉磯書評》**〔***Los Angeles Review of Books***〕**編輯**）**：**在中國作家當中，你喜歡看誰的作品？你也更喜歡看哪樣的作家的作品？（比如說批判的，文化散文大家，歷史小說家，等等）為何？在中國歷史上最被低估的作家是誰？最被高估的呢？為何？

余華：古典小說中我最欣賞的是筆記小說，從唐宋傳奇到明清筆記小說，很短很傳神，作者也很多，無法一一列舉。古典散文首推《古文觀止》，這是必讀書。二十世紀的作家裡，魯迅應該是我最喜愛的作家，他寫下的每一個字都像是一顆子彈，直奔心臟而去的子彈。魯迅同時代的郭沫若是中國現代文學史上最被高估的作家，沈從文曾經是最被低估的作家，但是現在他已經獲得了應有的文學地位。

梅蘭：您說郭沫若是中國現代文學史上最被高估的作家和沈從文是最被低估的作家，為什麼？請您詳細說明一下。另外，你沒有提到任何二十一世紀的作家。為什麼？

余華：郭沫若在很長一段時間裡有著和魯迅一樣的文學地位，可是他寫下了什麼？現在已經沒有什麼人關心了。沈從文雖然在文革結束以後被中國大陸的文學界和讀者重新認識，但是我覺得他的文學價值直到今天仍然是被低估的，很多作家在小說裡描寫景色時只是景色，他筆下的景色像人物一樣有血有肉，這是了不起的。至於二十一世紀的作家，他們還在繼續寫作，評價他們還需要更多的時間。

梅蘭：請您簡單地談一下當前中國文學的格局及其面臨的問題。

余華：中國當前的文學可以說是豐富多彩，什麼樣的作家都有，於是什麼樣的文學也都有了。從我個人的角度來說，中國當前文學面臨的最大問題是如何表達今日中國的現實。因為現實比小說荒誕了，如何再用小說將荒誕的現實敘述出來不是一件容易的事。

梅蘭：在幾十年中，中文的變化多大了？有的人說不能用老眼光來評價現在的中文和文學。但是也有的人說目前中文面對西化危機，而危機日漸迫近。您同意哪個看法？怎能長保中文的健康？

余華：中文變化很快，但是主要不是西化的問題，是網路語言的衝擊，我時常看不懂新冒出來的語言，需要去查詢才能明白其意思。不過我沒有因此擔心，語言其實一直在自我更新，有價值的新語言會留存下去，沒有價值的會自然消亡。

梅蘭：您怎麼看老百姓的閱讀習慣？比如說閱讀後反思了嗎？幾年來，各種智慧移動終端的崛起，極大改變了人們在閱讀上的行為習慣。作為中國作家，您怎麼看這個趨勢？

余華：在地鐵裡，我看到人們都在用手機閱讀了，幾乎看不到有人手裡拿著書。我很難想像用手機閱讀《安娜．卡列尼娜》，我想他們用手機閱讀的小說大多是速食式的小說。由於長期使用手機，現在中國年輕人的大拇指關節磨損很快，疼痛開始折磨他們了，也許有一天中國的年輕人會回到正常的閱讀方式。我覺得使用Kindle閱讀還是不錯的。

梅蘭：您的作品在中國和西方國家都受歡迎，吸引了來自世界各地的讀者。這對你來說有什麼意義？為什麼您的作品有如此廣泛的吸引力？（就像張愛玲，她的作品也很受中西方讀者的歡迎）您覺得中國目前還有哪些作家可以像您這樣受到如此的擁戴？為了吸引西方讀者的興趣，中國作家要克服什麼困難？

余華：我很難解釋這個現象，只能用幸運這個詞彙，我確實非常幸運。我在中國擁有很多讀者，在西方也有不少讀者喜歡我的作品。我在寫作時從來沒有去考慮讀者是否會喜歡，更不會去考慮西方讀者是否會喜歡，因為讀者是各不相同的。我是一個對自己很嚴格的作家，與同時代的中國作家相比，我的作品很少，因為我從來不寬容自己，必須要讓自己非常滿意才會將作品拿出去出版。如果我有什麼成功的經驗的話，就是我寫作的時候精益求精。

梅蘭：你說中國當前的文學是豐富多彩的，但是當我們談及中國文學歷史上的作家我們主要談到的是男人。女作家在哪兒呢？您怎麼看女作家？在思想界文藝界，兩性代表重要嗎？為何？

余華：這可能是男作家在數量上比女作家多，所以談論中國文學時更多的談論男作家。其實中國從來就不缺少傑出的女作家，比如你提到的張愛玲，還有現在的王安憶。我覺得在文學領域，性別不重要，比如王安憶的不少小說，很難判斷出其作者女性的性別。優秀的作家在寫作的時候常常是中性的，既要寫下男性，也要寫下女性，而自己寫作的時候是不男不女。

梅蘭：文學批評有什麼意義？重不重要呢？在中國，當前文學批評的狀態如何？前幾天在南方都市報上陳思和說文學批評更要關心現實世界。你同意了這個看法嗎？為什麼？

余華：我贊成陳思和的觀點，作家要關心現實世界，批評家也要關心現實世界。在中國有不少人認為文學不應該敘述太多的現實，認為文學應該不和任何東西發生關係。陳思和的一位學生，現在是復旦大學的教授張新穎說文學如果不和任何東西發生關係，那麼文學是個什麼東西？文學可能不是個東西了。

梅蘭：怎麼培養文學青年人才？

余華：在中國，年輕的作家都是自己衝出來的，不是培養出來的。因為中國大學的文學教育不像美國的大學，美國優秀的作家和詩人在大學裡教授寫作，中國的大學裡主要是教授文學理論批評和文學史。

梅蘭：到中國書店，到處都有所謂的「自主」書或者「如何賺錢」的書。那麼，誰在看嚴肅小說？誰在看紀實文學？讀者越來越少的話，這類似的書是否會正逐漸消失？

余華：確實如此，如何掙錢和如何成功的書非常受歡迎，嚴肅小說和紀實文學的讀者在減少，這個好像全世界都一樣，但是好在只是減少，而且減少的速度還不是很快，總是會有新的讀者成長起來，他們喜愛嚴肅的文學作品，所以我一點也不悲觀。今天有一位中學生告訴我，他說和同學分享閱讀我的《兄弟》，結果被老師發現後沒收了《兄弟》這本書，老師訓斥他帶這樣的書來學校是毒害自己毒害同學。因為老師要求他們多讀課本可以在考試時有好的成績，但是他們仍然在讀文學作品。

梅蘭：有人說時勢造英雄。您認為一個作家的成功是因為他所處的時代還是因為其個人的能力和努力？比如，您覺得您作品之所以會成功有否有賴於所處歷史社會的獨特性呢？當今社會進程又將如何影響青年作家的未來發展呢？

余華：我認為任何一個作家都無法脫離自己和時代的關係，當然表達方式會不一樣，有些作品看上去與時代疏遠一些，有些作品看上去與時代緊密一些，不管怎樣時代對一個作家的影響是深入到血液裡的，作家寫作的時候會不知不覺將這個時代給予他們的感受描述出來。我自己覺得生活在今天的中國是幸運的，因為可以敘述的故事太多了，但是敘述的角度很重要，當今天中國社會現實比小說更加荒誕時，對於作家敘述的要求也更高了。中國社會的異化已經傷害到了整整一代年輕人，他們崇尚物質主義，但是隨著社會問題越來越多，中國的青年作家會改變的，他們最終會像我們這一代作家一樣關心社會現實。

梅蘭：您現在有什麼在進行中的作品嗎？

余華：繼續為《紐約時報》撰寫專欄文章。今年上半年為他們寫了六篇，現在計畫從今年十月到明年十月寫十二篇，每個月一篇。

二〇一三年十月二十五日

答美國《科克斯評論》編輯梅根

梅根（Megan）：這些短篇小說是從一九九三年到一九九八年之間寫的。它們在中國發表了嗎？為什麼要等那麼久才能在美國出版？

余華：它們在中國發表了，發表在不同的文學雜誌上。差不多十年前，白亞仁已經將它們翻譯成英文，我的編輯蘆安也看了譯稿，她很喜歡，計畫在美國出版這些故事，可是她一直沒有找到合適的出版時機，因為從二〇〇三年到二〇一一年的八年裡她出版了我另外的五本書，出版了精裝本後還要出版平裝本，比如二〇一一年底出版了《十個詞彙裡的中國》的精裝本，二〇一二年底出版了平裝本，所以二〇一四年一月出版這些故事是一個好的時機，蘆安找到了一個空隙，到了二〇一四年底，我的新長篇小說《第七天》也要出版英文版了。

梅根：〈勝利〉曾刊載於二〇一三年八月的《紐約客》，您也經常為《紐約時報》撰稿。您收到美國讀者的什麼反映？對您來說，讓美國讀者讀到您的作品是否重要，或者是否您很期待的事情？

余華：美國讀者的反應很正面，不少人表示欣賞我所寫下的這些，無論是小說，還是在《紐約時報》上發表的文章，他們喜歡裡面的幽默和感人的描寫。美國是世界上最大的圖書市場，可是很多美國讀者對外國的故事沒有興趣，外國作家想在美國出版作品很困難，我很幸運，遇到了蘆安。美國讀者對於任何一個外國作家來說都是重要的，對於非英語國家的作家，英語讀者的重要性僅次於母語讀者的重要性。

梅根：從九〇年代到現在，世界發生了很多變化，尤其在技術上、在社會交流上。《黃昏裡的男孩》的故事在今天的中國也同樣會發生嗎？還是手機等工具的普及對原有的交流方式已經造成了很大的改變？

余華：《黃昏裡的男孩》寫下的是人性的故事。是的，世界一直在變化，人也在變化，可是總是有一些東西是不變的，比如人性中的東西，自私和殘酷等等，同情和憐憫等等。中國有句俗語：江山易改，本性難移。《黃昏裡的男孩》寫下的是本性難移這部分，所以這裡面的故事現在同樣會發生，將來還會發生，只是發生的方式和背景會不一樣，實質是一樣的。

梅根：我們在書中經常看到欺負人的情況：市民侮辱一個傻子（〈我沒有自己的名字〉）與一個老實巴交的孩子（《我膽小如鼠》）；一個流氓在澡堂外面跟人打架（〈朋友〉）；一個小販為一個並不嚴重的罪過進行殘忍的處罰。為什麼這些人物用這種做法來建立他們的權威？這樣的行為，價值何在？

余華：這是我們的生活，也是你們的生活，你指出的這些欺負和侮辱別人的人都是生活在社會底層的人，他們同時也是被欺負者和被侮辱者，這樣的故事每天都會在世界各地發生。關鍵是作者如何去敘述這些故事，我認為作者應該滿懷同情和憐憫之心去敘述這些故事。你提到一個小販為一個並不嚴重的罪過對一個孩子進行殘忍的處罰，這篇是〈黃昏裡的男孩〉，我的一位老朋友翻譯完這個短篇小說後說，作者不恨孫福。孫福就是那個殘忍處罰男孩的人，我在結尾的時候用很短的篇幅講述了孫福的不幸經歷。

梅根：近年以來，您的書、短篇及社評文章都是由白亞仁譯成英文。作者和譯者之間的關係是什麼？這種持續的合作有些什麼好處？

余華：白亞仁是研究中國古典文學的教授，是英文版短篇小說集《往事與刑罰》和《許三觀賣血記》的譯者安道（Andrew Jones）介紹給我的，十多年前他來到北京，表示想翻譯我的作品，我很好奇，一位中國古典文學的專家將會如何翻譯我這個當代作家的作品？他給我幾篇用中文寫的論文，我讀完後覺得他的中文好極了，很有文采，當時覺得可能是有中國朋友替他潤色過的，後來十多年的交往讓我真正了解他的中文水準，沒有他不知道的詞彙，無論是聊天還是寫信，他沒有外國人通常會出現的語法和用詞錯誤，他用中文寫下的文章不需要中國朋友的說明，而且他有著很高的文學修養。我們合作十多年了，非常愉快，還會一直合作下去，這種長期和緊密的合作讓我們越來越了解對方，越來越輕鬆。

梅根：您為什麼寫作？作為作家，最讓您自豪的成就是什麼？

余華：寫作讓我擁有了兩條人生道路，一條是現實的，一條是虛構的。有意思的是，當現實的人生道路越來越貧乏之時，虛構的人生道路就會越來越豐富，這是我為什麼寫作的原因。作為一個作家，我知道小說是無法改變社會現實的，但是小說可以改變讀者對社會現實的看法，這是讓我感到自豪的理由。

梅根：還有什麼您想讓我們的讀者知道嗎？

余華：謝謝《科克斯評論》多年來對我作品的關注，謝謝《科克斯評論》的讀者。

答紐約亞洲協會網路雜誌《中國檔案》

中國檔案：你為什麼選擇在美國出版《黃昏裡的男孩》？這本書對你有什麼特殊意義嗎？

余華：這是我在一九九三年到一九九八年之間寫下的十三個故事，是我在美國出版的第二部短篇小說集，第一部《往事與刑罰》是一九九六年出版的，中間出版了另外五部書。我很高興，可以在美國出版這個短篇小說集。其實在六、七年前，英國一家出版社有興趣出版這部書，我的編輯蘆安喜歡這本書，希望我給她保留下來，當時她正在出版我其他的書，她希望我給她時間，我毫不猶豫就同意了，沒有讓英國的出版社出版這本書。我耐心等待，蘆安在出版了我五部書以後，出版了這一部。我們當時沒有正式的合同，只是口頭約定。我與蘆安合作十多年了，《黃昏裡的男孩》現在美國出版，是我們兩人彼此信任的結果。

中國檔案：為什麼閱讀《黃昏裡的男孩》這部將近二十年前寫的中國小說，能夠幫助美國讀者了解中國？（換言之，為什麼美國讀者讀過了《活著》和《兄弟》，仍然有必要讀一讀這部書？）

余華：《活著》和《兄弟》是長篇小說，人的命運和時代的命運糾纏在一起。《黃昏裡的男孩》是十三個故事組成的，不同的人和不同的故事，既是十三個人生片斷，也是十三個社會現實的側面。

中國檔案：在《兄弟》後記裡您寫過這樣一句話，「一個西方人活四百年才能經歷這樣兩個天壤之別的時代，一個中國人只需四十年就經歷了」。您為什麼下了這樣一個結論？您覺得這種做過山車式的經歷對於中國、國人來說意味著什麼？

余華：這是我的經歷，我在文革中長大，然後是改革開放和一九九〇年代的經濟騰飛，再到新世紀的荒誕不經，無論是世界觀還是價值觀都顛倒了過來。這樣兩個截然不同的時代看起來中間缺少了一個或幾個過度時代，直接就呈現出來了。你提到的這句話我是在二〇〇五年寫下的，這種過山車式的經歷對於當時的很多中國人來說是迷惘，因為變化太快了，快得令人目眩，快得令人來不及反應。我那時候完成了《兄弟》，然後批評就來了，批評主要是針對《兄弟》的下部，也就是對當下社會現實的描寫，一些讀者認為太荒誕了不真實，一些評論家也這麼認為。現在七、八時間年過去了，今天的中國比七、八年前的中國更加荒誕，現在已經沒有讀者認為《兄弟》下部荒誕和不真實了。我自己從來不覺得《兄弟》下部是荒誕的，只是有些誇張。今年六月出版的新小說《第七天》才是真正的荒誕小說，結果不少中國讀者不認為是荒誕小說，他們認為是現實主義小說，這讓我有些吃驚。

中國檔案：感覺您這句話也可以放在的《十個詞彙裡的中國》裡，那您寫《兄弟》時的心情跟現在寫《十個詞彙裡的中國》的心情有什麼不同嗎？

余華：是的，這句話表達了我對自己經歷的感激之情，這是彌足珍貴的經歷，之前的中國人沒有經歷過，之後的中國人可能也不會經歷了。《兄弟》完成之後，我開始寫其他的小說，可是總是感到意猶未盡，我想試著用非虛構的方式來寫一本書，一本在時間跨度上和《兄弟》一樣的書，然後就有了《十個詞彙裡的中國》。這是從另外一個角度來寫的，我在寫完第一篇〈人民〉的時候就知道這本書在中國大陸暫時不能出版，我還是將它寫完了，因為我相信將來能夠出版。

中國檔案：感覺那一段的經歷在您的人生中有著最為深刻的烙印，您說過當年沉迷於描寫暴力幾乎快要到精神崩潰的邊緣，後來有一天您突然意識到這點以後就再也不寫暴力了。但是這種對於暴力的疏遠是一種人為的制止，而不是自發的行為，所以那種對於暴力的執念可能還是在潛意識裡存在的，您把它轉移到哪裡去了？或者說，您怎麼看待您的這種改變？

余華：我是在文革中長大的，成長時的經歷會決定一個人的一生。文革早期的血淋淋武鬥和後期的壓抑狀態，對我來說都是暴力。文革結束，中國進入改革開放，我開始寫小說了，成長時期的暴力陰影始終伴隨著我，那時期我在小說裡寫下了很多暴力，是用直接的方式去寫。後來我自己也受不了，有意讓自己寫作時疏遠直接的暴力，但是間接的暴力仍然在我筆下出現。這是因為現實從來沒有中斷過暴力，只是改頭換面而已，強制拆遷和強制墮胎等等都是暴力。剛剛出版的《第七天》裡也寫下了一些間接暴力。你說得很對，暴力一直存在於我的潛意識裡，我現在的寫作只是把它轉移了，至於轉移到了哪裡？這不是我能夠決定的，我是這樣一個作家，始終跟在現實後面寫作，當我們的現實將暴力轉移到了什麼地方，我的寫作就會跟隨到什麼地方。

中國檔案：另外就是，文革時代的暴力邏輯以及暴力話語對於您個人的影響已經徹底消除了還是仍在繼續著？對您的創作總體上產生了什麼影響？

余華：我在上世紀八〇代的寫作過程，就是對文革時代話語和邏輯的擺脫過程，或者說是反抗過程。二十年以後，我在寫作《兄弟》和《十個詞彙裡的中國》時，又重新撿起了這些話語和邏輯，當然是採取了戲謔的批判方式。因為這樣的話語和邏輯已經深深銘刻在那個時代裡，我要敘述那個時代，無法迴避這些話語和邏輯，但是可以冷嘲熱諷地處理它們。

中國檔案：感覺《十個詞彙裡的中國》就像是您對以前的小說做的一個一次性總結。它的一大特點是您將文革前後的歷史與中國當下緊密相連，讀起來的時候經常感覺在時空裡來回穿越。這種感覺在您的很多小說裡都潛在著，在這本書裡您更是將其顯性化了。您這種歷史觀，或者說文革歷史和中國當下現實的聯繫在我看來是您非常獨特的一種視角，這種視角您是怎麼建立起來的？

余華：這是在寫作過程中逐漸建立起來的，是在寫小說的時候發現了《十個詞彙裡的中國》這本書，我此前的四部長篇小說，都涉及到了文革時期，也涉及到文革之前和之後的中國社會，尤其是在寫《兄弟》的時候，我意識到雖然文革時的中國和今天的中國有了巨大的反差，可是兩個時代仍然有著內在聯結，說是歷史觀也好，視角也好，就是從這些內在的聯結出發的。比如狂熱，文革時是政治的狂熱，今天是金錢的狂熱；比如暴力，文革時是革命鬥爭的暴力，今天是經濟發展的暴力。雖然狂熱和暴力的內容變了，但是狂熱和暴力的方式並沒有改變。

中國檔案：另外，除了您對這些歷史事件與現實的聯繫的重視，感覺您一直以來非常直面於中國的當下社會現狀，您的《活著》、《許三觀賣血記》、《兄弟》無一不是對當時當事血淋淋的現實書寫，《十個詞彙裡的中國》裡您也是直接在書寫當下，比如〈忽悠〉、〈草根〉這些章節，包括您最新的《第七天》也是如此。您寫這些東西就不怕惹麻煩嗎？會不會很敏感？

余華：我是一位現實主義作家，雖然我寫下過超現實的小說和荒誕的小說，也是因為中國社會變得超現實和荒誕了。我們的生活是由很多因素構成的，發生在自己和親友身上的事，發生在自己居住地方的事，發生在新聞裡聽到看到的事等等，它們包圍了我們，不需要去收集，因為它們每天都是活生生跑到我們跟前來，除非視而不見，否則你想躲都無法躲開。以前我有很多話想說，可是不敢說，希望別人替我說出來，後來我意識到，如果人人像我這樣，希望別人替他說話，可能沒有人出來說話了，所以我告訴自己，想說的話應該自己說出來。至於你說的是否會有麻煩，實話告訴你，我還沒有遇到過麻煩。

中國檔案：文學和現實永遠有距離，但您這種處理是因為審查制度的限制嗎？還是您有別的看法？中國的審查制度對您的創作有什麼影響？

余華：如何評價一部小說需要時間，需要幾十年，起碼也需要十年，今天來看可能只是涉及到社會現狀，很多年以後的讀者可能會從裡面讀出更深層次的東西。但是有一點是不會改變的，小說在面對歷史和現實時，應該使用小說的方式，而不是政治檄文的方式。我在寫小說時從來不考慮審查制度，《兄弟》順利出版了，《第七天》也順利出版了，還有《活著》和《許三觀賣血記》等等，我的所有小說都順利出版了。雖然我的作品裡有很多現實批判，但是必須承認，中國社會正在變得越來越寬容。

中國檔案：有一個評論員看完您的《第七天》，提到說在當下這個人人都曝露在大量新聞的資訊時代，人們對文學作品不敏感了，因為對這種爆炸性新聞已經有免疫力了。他說：「這反過來就對作家提出更高的要求，你怎麼能超越中國社會新聞，把這個消息告訴托爾斯泰？」他提出一個論點是，文學早已敗給了新聞。您同意他的說法嗎？

余華：他的話一半對了，另一半錯了。涉及到當下中國的社會現實時，文學確實敗給了新聞，然而天長日久人們會忘記新聞，會記住文學。新聞有爆發力，可是沒有耐力，文學在爆發力方面不如新聞，可是有著持久的耐力。所以我不會馬上把這個消息告訴托爾斯泰，等到人們遺忘新聞的時候，我會坐上北京飛往莫斯科的航班，再從莫斯科坐兩個多小時的大巴到托爾斯泰莊園，獨自佇立在長滿青草隆起的托爾斯泰墓地旁，從容不迫地告訴他這些。

中國檔案：雖然您在《十個詞彙裡的中國》仍然講了很多小故事，但是總體上以對現實社會的評論、論述為主。我想這對於一個小說家來說是很難的一種角色轉變，也需要很長時間的思考、醞釀，這種轉變對您是一時的，還是您在做出一種轉變？是什麼促使您做這種宏觀的轉變呢？

余華：這樣的轉換不是刻意的，是自然出現的。我是〇九年的時候寫《十個詞彙裡的中國》，那時候我寫了二十六年小說了，感到有很多想法和感受無法用小說的方式表達出來，需要換一種方式，非虛構的方式，就這樣我寫完了《十個詞彙裡的中國》。

中國檔案：對您精神濟養最大的作家是魯迅嗎？感覺您在小說和雜文的文風都在向魯迅靠攏？

余華：魯迅是我的精神導師，很多偉大的作家教會了我寫小說的技巧，但是沒有成為我的精神導師。尤其是最近十年來，魯迅一直在鼓勵我堅持自己的獨立性和批判性，我也努力在這麼做，我想他會高興的。十天前在北京師範大學舉行的《第七天》的討論會，一位教授說我是在重寫魯迅，這是讚揚。但是我知道自己和魯迅的距離，尤其在雜文方面，我比魯迅差了很多，我還做不到「嘻笑怒罵皆成文章」。

中國檔案：據我的觀察，在中國當代小說家裡，同時創作文學作品並且評論時事的恐怕只有您一人，勉強還能把韓寒納入，如果我們把他看做嚴肅創作者的話。同時作為作家和評論家，您如何定位自己？平衡這兩個身分呢？您認為文學應該如何切入現實？文學創作者與現實之間應該保有什麼樣的距離呢？

余華：寫小說和寫時評是兩個不同的體系，我時刻提醒自己要注意這些，尤其不能將時評的語言風格帶進小說，因為時評的語言經常需要與現實拉近距離，小說的語言是向反的，需要拉開距離。有意思的是，有時候將小說的敘述帶一點給時評的寫作會出現新的風格，我這樣做了，好像不錯。可是反過來就不行，將時評的風格帶進小說的寫作往往會很糟糕。對我來說，寫小說和寫時評有一點是一致的，就是重視事實超過重視看法。《紐約時報》評論版的編輯休厄爾（Sewell Chan）邀請我寫專欄文章時表示，他期待的不是一系列政治聲討，而是希望讀到一個真實的中國，我說這也是我的立場。我和休厄爾，他是一位了不起的編輯，想法完全一致，然後我們在一起工作，還有我的譯者白亞仁，他是非常好的譯者。我們已經共同完成了九篇文章，在這些文章裡，我努力讓事實說話，雖然作為時評需要點明一下觀點，但是事實始終是主角。

中國檔案：您覺得文學應該批判現實嗎？文學的功能是什麼？

余華：文學的功能是什麼，說實話我不清楚。但是有一點可以肯定，文學不是為了批判現實而存在的，可是文學又是以無處不在的方式批判現實。

二〇一四年一月二十七日

答法國《解放報》

解放報（***Libération***）**：**您總是寫得這麼快嗎？

余華：不，我是被書拖著走。我本想寫兩百頁，但控制不住我自己，寫這本書時，我表現得很反常。通常，我在寫書時，有時會碰到幾天寫不下去的情況，但這次，卻完全不同，我狀態非常好，我的思緒比電腦還快。

解放報：《兄弟》中有人不知廉恥地在公共廁所裡看女孩的臀部。您在書中安排這個場景是為了激起讀者的反感還是為了吸引讀者？

余華：這在文革中是比較普遍的，有人在公共廁所中窺視女人。那是一個性壓抑的時代，這就是我要展示的。好像其他中國作家都沒有這樣寫過。我這樣寫，使一些讀者很生氣。其實我只是寫了有人做過但又不想說的事。

解放報：書的整體是相當拉伯雷式的（放縱的）。

余華：我很欣賞《巨人傳》，其中有一句話是這樣說的：「如果不想被狗咬著，最好的辦法是跑在狗的屁股後面。」在中國，當有人問我一些有關《兄弟》的問題，我都會用這句話回答。這句話的意思是應該找一個與人們的習慣完全不同的角度；一個看上去很笨，其實很聰明的角度；應該逆向做事。這本小說引起許多爭論，部分原因是有人認為它太粗俗。可是這部作品就是跑在狗的屁股後面，這是他們沒有明白的。有個批評家對我說：你小說中說撿破爛的人成為了億萬富翁，這是不可能。幾個月後，中國的新首富出來了，是回收廢紙出身的。另一個例子，為了把宋凡平的屍體放入棺材，人們折斷了他的膝蓋。有人給我寫信說這樣的事真的發生過，他親眼看到了。問我寫的是不是他看到的那個人。

解放報：您是根據自己的經歷寫了這本書嗎？

余華：我父親很幸運。他是個外科醫生，文革開始時他挨整，被下放到鄉下，他為農民做手術做得好，農民都很喜歡他。當造反派想把他帶回城裡批鬥時，找不到他：農民把他藏起來了。當文革最為暴力的時期過去後，他回來了，所以他沒有挨批挨打。但是我始終生活在恐懼之中，我害怕他們逮捕我的父親。因為這樣的事經常發生，一個人前一天還好好的，第二天就被囚禁了。對於孩子，最糟糕的就是，不知道第二天還能否見到自己的父母。

解放報：兩兄弟的父親受盡折磨卻極有想像力，並且意志堅強。您是受《美麗人生》（*La vita è bella*）啟發嗎？

余華：在中國，一些讀者因為我的書想起電影《美麗人生》。我倒沒想到。我想到了一個同學的父親。三個月裡，他每天遭受折磨，每天晚上回家身上都血跡斑斑的，後來他投井自殺了。前一天，我還看到他和兒子一起在街上走過來，看到他笑得很開心，第二天他的兒子哭著來上學。我在寫這本書的時候，這個場景不斷在我腦海中縈繞。我相信這位父親早有自殺的打算，但他不會顯露出來。在文化大革命期間，有許多這樣令人欽佩的父母。

解放報：您在小說中塑造了一個反面人物和一個正面人物嗎？

余華：我描寫了兩個人，他們的道路分岔走向兩個極端。母親擔心流氓兒子李光頭以後命運會不好，她相信正直的宋鋼會很好的生活下去，她希望宋鋼能夠照顧李光頭。可是時代變了，誠實正直的人被淘汰。李光頭反而有了一個很好的命運。這兄弟兩人有許多我自己的影子。我有一個高中同學因為太窮而自殺。以前我回家鄉的小鎮會去參加同學聚會，後來我不願意去了。境況懸殊太大了，成功者太傲慢，失敗者有自尊，這種聚會總是不歡而散。我在一九七七年離開家鄉的中學，畢業時沒有想到二十多年後變化會有這麼大，人的命運會那麼不同。在文化大革命時，人們認為情況一直會這樣，什麼也不會改變。

二〇〇八年四月二十四日

答法國《十字架報》

十字架報（*La Croix*）**：**您小說中的兩兄弟體現兩種不同的價值觀，李光頭，「無賴」一個，卻比「忠厚」的宋鋼活得好：在您看來，這是今天的悲劇嗎？

余華：我沒有想過這是不是今天的悲劇。像宋鋼這樣的人，體現中國傳統價值觀的人——誠實而有尊嚴——同時也是人數最多的、最為脆弱、最容易被淘汰的。李光頭，毫無道德可言，是這個時代的混世魔王。金錢和成功讓他更加的玩世不恭。在《兄弟》裡，我不是從醫生的角度出發，而是從病人的角度出發來寫的。即使如此，我還是希望我們這些病人可以康復。

十字架報：您小說中的一些場面，在七百頁的紙卷中顯得極為原始。

余華：在這樣的時代裡，我覺得自己的生活極為渺小。我總是考慮用幽默來傳遞自己的判斷。我的故事描寫了中國四十年來所發生的具有代表性的事情。比如選美比賽，在二十世紀九〇年代比比皆是，甚至餐廳也會組織醉美人比賽，讓她們不停地喝酒……選美醜聞確實存在。我的小說裡很大部分是諷刺——這種中國人能理解的寫作方式，同時還有其他方式和語言——我所寫的一切都是基於現實的。我在寫文革中的暴行時，我覺得自己是在描述極端的事物，可是我收到了讀者的反應，他們說這樣的經歷真實發生過。

十字架報：您的小說是如何通過審查的？

余華：我寫下所有小說都出版了，這也說明了中國一直在進步，要是十年前這本書是不會出版，今天它可以出版，但是還不能改編成電影，也許十年後可以拍攝成電影。

十字架報：在您的後記中，你引用了耶穌根據聖人馬修啟示選擇窄門的典故。

余華：我讀過中譯本《聖經》兩次，對我來說，這是世界文學中最偉大的作品。我不是一個信徒，閱讀《聖經》極為賞心悅目。這本書還能在許多方面教導我們如何生活。我所引用的窄門是最接近現實的例子，如果想找到出路，正確的出發就是走進窄門。

二〇〇八年五月二十九日

答法國《新觀察家》週刊

新觀察家（***Le Nouvel Observateur***）**：**在您最近的小說《兄弟》中，對中國過去四十年作了令人驚訝的描述，您小說的第一部分描述了文化大革命動盪的畫面，以及它的暴力行為，它的狂熱和它的苦難。您是否虛構了主人公所遭受迫害的某些殘忍的細節？

余華：我確實虛構了一些細節，比如孫偉父親的自殺，他被認為是反革命，一個受盡折磨的男人，往自己腦袋上釘入大鐵釘。但是在中國，現實遠遠超出想像。一位教授曾問我是否受到她父親經歷的啟發，她的父親就是用鐵釘釘入自己腦袋自殺的，用這個辦法結束幾個月來所遭受的折磨。

新觀察家：您從自己所見證的事中受到啟發嗎？

余華：是的，我是在文化大革命中成長起來的。我和我哥哥經常上街，我們看到過數不清的打鬥，不同派別的「紅衛兵」和「造反派」間的爭鬥。我會看到有人死去或被公開處死。相反地，孩子們是安全的，可以到處閒逛，他們不會有任何危險。在那個時期，沒有人能夠得到長期的保護，今天你是革命者的楷模，明天你可能就成了最壞的反革命，這一點對所有的人都是平等的。當時的社會形態很簡單，就是黑和白兩種，不存在中間狀態，就像毛主席所說的：「凡是敵人反對的我們就擁護，凡是敵人擁護的我們就反對。」每個人都在奉行這一原則。

新觀察家：您在書中指出，愛，尤其是家庭內部的愛比這些恐懼更強烈。然而有人則認為這是一段黑暗的時期，在這一時期妻子控告丈夫，子女揭露父母的例子舉不勝舉。

余華：這只是在黨的幹部和一些知識分子中的情況：當父母成為革命者的迫害對象時，孩子會反對父母。我自己也有這樣的經歷，我的父親是個醫生，黨員，並且還是醫院的領導。有一天我和我的哥哥去上學，看到街上的大字報都在批判我父親。我很害怕，我對哥哥說：我不去上學了，我怕見到同學。幸好我父親被下放到農村作為懲罰，在那兒他受到農民的保護。當時對於大多數普通人，家是避風港，是堡壘。我一個朋友的父親，當時受到迫害，每次被批鬥時，他妻子都會站在他身旁，反駁造反派的指控，甚至與造反派撕打，頭破血流了也不屈服，文革結束以後他對孩子們說：「我之所以從文化大革命中活下來，多虧了你們的母親。」我見到過也聽到過無數這樣感人的故事。

新觀察家：我在你所有的小說中看到，中國人民的忍耐力是戰勝一切困難的關鍵嗎？

余華：確實是。我不知道面對這樣的命運時，其他民族的態度會怎樣，中國三千年的國家歷史就是三千年的忍耐史。這是一種本能的力量，這種力量就是在於家庭的存在，家庭是可以忍受一切外部打擊的內在動力。在中國，和你們西方國家不一樣，社會紐帶不是個人與個人的聯結，是家庭之間的互相聯結。家庭是中國社會的基本單位，這是殘存的小空間，尤其在動盪的年代，一直到一九八〇年代初都是這樣，一九九〇年代後社會形態發生了根本的變化，社會紐帶已是個人與個人的聯結了。

新觀察家：您的小說的後半部分準確地說故事發生在當代中國，所有的故事同樣荒唐但不太粗野，為什麼把不同的兩個時代並置？

余華：這兩個時代完全不同，又有深刻的聯繫。如果沒有文革對社會的深刻影響，就不會有今天令人難以置信的萬花筒般的生活，我們從一個極端走到另一個極端，就像盪秋千那樣，這頭高了另一頭必然也高了。文革是反人性的，今天中國展示了解開人性鎖鏈以後的亂象，沒有價值觀，沒有道德規範，沒有界限，所以今天的中國有最美好的也有最醜陋的。我在小說的第二部分描寫了一段「處美人大賽」，涉及了人造處女膜的買賣，還有處女膜修復手術。不少人指責我是在瞎編。可是現實超出想像，如果你在百度或者谷歌中搜索一下「處女膜」，你會看到一些網路社區有人推薦不同牌子的人造處女膜，和哪個牌子最好的討論。文革是一個禁欲的時代，今天是一個放縱的時代。

新觀察家：不管怎麼說這不是暴力。

余華：是的，進步是不可否認的。暴力只是換了形式，它不再通過毆打。由於金錢和權利的原因，它表現的形式更加多樣，即使涉及法律也不例外。例如有人用打油詩批評某位縣官，該縣官就指使法官給他定罪。雖然沒有像過去紅衛兵造反派那樣揮動鐵棍，但從邏輯上說這也是暴力。

新觀察家：也可以用相同的方法分析西藏事件嗎？

余華：中國人都認為西藏是中國的一部分，任何對於西藏的其他觀點，都只會激怒中國人。在我看來，中國今天的首要問題是貧富差距，我獲悉一個資料，三千萬中國人每年靠六百元人民幣生活，一億人年收入不足一千元。今天的中國，不同的人生活在不同的時代，就像我小說中的兩個兄弟，一個是二十一世紀的富翁，一個是十九世紀忍飢挨餓的窮人。

新觀察家：您對中國的未來樂觀嗎？

余華：儘管我的小說反映了社會的一部分灰暗，事實上我對中國的未來充滿信心。在中國，很多讀者問我，為什麼總是寫憂傷的故事，而不去寫快樂的故事？我告訴他們，生活中我是一個快樂的人，可是寫作時就變得憂傷了，如果有一天你們讀到我寫下了快樂的故事，那麼我在生活中可能是一個憂傷的人了。

二〇〇八年五月十二日

答法國《人道報》

人道報（***L'Humanité***）**：**《兄弟》講述了從一九六〇年代到今天的一代中國人的故事。您在後記中寫到，「一個西方人活四百年才能經歷這樣兩個天壤之別的時代，一個中國人只需四十年就經歷了。」這是理解或接近當代中國的一個資訊或途徑嗎？

余華：四十年來，我們經歷了從禁欲到宣洩這樣兩個時期。這樣的轉變對於西方人是不可想像的，前一個物質極其匱乏和意識形態極其狂熱，後一個追求金錢時欲望的急劇膨脹，兩個都是狂熱的。今日中國經濟的發展途徑類似於過去的文革時的政治途徑，兩個時期存在一個共通點，就是狂熱，對政治的狂熱和對金錢的狂熱。

人道報：《兄弟》受到中國公眾的巨大推崇，但你也尖刻地諷刺了某些場面。如你所說，「中國很多方面還是不容樂觀。」你如何描寫當下中國？

余華：在中國，當作家談及過去時，沒有什麼爭論，而描述當今社會則會爭論很多。因為過去時代的人不會從墳墓裡爬出來指出作家什麼地方寫錯了，而今天中國的讀者來自不同的區域，因為不同的習俗和經濟發展的不平衡，讀者的生活經歷也不一樣，一些讀者因此認為《兄弟》裡的某個細節不真實，比如可口可樂，經濟發達的沿海地區一九八〇年代中期就有了，而中西部貧困地區直到一九九〇年代才有。這樣的批評可以理解……李光頭在公共廁所偷看女人屁股，是文革時禁欲所致，這也是那個時代司空見慣的事。一九九〇年代以來，選美比賽風靡中國，不論是大城市或是小城鎮都是廣受歡迎。修復處女膜手術在不久前的中國流行過，網站和商店出售人造處女膜也不是什麼新鮮事。當這本書二〇〇六年出版下部時，《紐約時報》的記者在採訪我之前也懷疑有沒有人造處女膜，他讓助手在互聯網上看看是否能買到人造處女膜，竟然發現超過一百種的品牌，人們還在一些網路社區裡討論和推薦最好用的牌子。

人道報：《兄弟》不同於您以往的小說，它混合了雨果式的戲劇性和拉伯雷式的漫畫性。您認為這是您創作中的一個轉捩點嗎？

余華：這部小說誕生了一個新的余華。我有十年時間不敢放任自我，我對自己的寫作曾經心存疑慮。在這部小說中，你認為我是混合了雨果式的戲劇性和拉伯雷式的漫畫性。也許是這樣，雖然我在寫作的時候沒有想到他們。這可能是我最重要的創作，這不僅是我個人的一種新小說、新文學，也是社會現實的投影。所以有經濟學家用這部小說作為教材，讓他的學生閱讀。寫這本小說之前，我不認為文學可以產生如此的社會影響，可以讓讀者提出關於社會問題的看法。李光頭和林紅之間的故事象徵著中國人不斷變化的價值觀。最初時，林紅堅定立場，嫁給了宋鋼。文革期間，直到一九八〇年代初，中國的女性更多選擇善良和英俊的男子。今天，她們更傾心於擁有像李光頭這樣成功的丈夫。

人道報：經過三十年的改革，對於未來您有何展望？

余華：能夠代表我對未來看法的也許是李光頭，不是宋鋼，因為後者沒有未來。與此同時，變革的速度之快，也是我所擔憂的。在中國，經濟發展太快，而其他方面卻滯後。

人道報：他們今天想的僅僅是這些嗎？

余華：八〇年的改革初期，農民是主要的受益者，工人尚未經歷企業破產和下崗。如今形勢發生改變，不穩定因素增加，不再只是知識分子和學生的問題，如今社會問題更多地觸及工人和農民。北京奧運會後我們將步入一個關鍵時期，電和成品油價格的調整勢在必行，還有糧食和其他原材料。政府主要關注焦點仍是控制物價上漲，以及由此引發的不滿。政府應採取溫和與靈活而不是強硬的一刀切的政策。至於政治自由化，中國不能與西方國家相提並論。社會現實不同，中國的過去與西方的過去不同，今天同樣也會不一樣。

二〇〇八年六月二十三日

答瑞士《時報》

時報（*Le Temps*）：在您的書中，您為什麼絕大多數講述小人物？

余華：我來自浙江的一個小城鎮，我就是小人物，也和小人物一起生活。儘管我的父母是醫生，他們也是小人物。我與窮苦人家的孩子一起長大，當我開始寫作的時候很自然講述起了他們的生活。

時報：您是如何成為一個作家呢？

余華：我成長在文革期間，我沒有讀過大學，那時的高中也只是讀兩年。因為文革，我沒有好好讀書。那個時候的中國，個人不能選擇工作，工作是由政府分配的，我被分配去做牙醫，那時我十八歲，我非常不喜歡這份工作。二十三歲時，我就沒再做牙醫，去了文化館工作。這是要通過很多手續，首先要證明我有寫作才華，我是利用工作之餘的時間寫作。剛開始時，我認識的漢字不多，大約就三千多個，這恰恰成了我寫作的優點，讓我的敘述語言很簡潔，成為了我的風格，這就是為什麼很多讀者能讀懂我的作品。現在我掌握了一萬多字了，但我還是保持簡潔的敘述風格，這是我的標誌。在文化館，日子過得很愜意，我不用去上班，我和我的同事每年編輯一期雜誌就行，後來因為沒有經費，雜誌沒有了，我也就沒事可做了。我每天睡懶覺，睡醒了開始寫小說。

時報：你寫過關於賣血這樣的故事，《兄弟》也同樣批判色彩很濃。您沒有遇到審查方面的問題嗎？

余華：我的書非但沒有被禁，還用於教材。我想過《兄弟》可能會有麻煩，可是沒有，我不知道為什麼。這也表明，中國在不斷進步。

時報：為什麼當中國富強了，社會批評還在？

余華：今天，中國有不少富人，但是有更多的窮人，中國貧富差距很嚴重。

時報：然而，貧困人口已經減少。

余華：是的，一部分人富裕起來了，而更多的還是窮人，這就是《兄弟》所要討論的。文革是一個物質匱乏的時代，相當於歐洲的中世紀；今天中國的上海、北京都已是世界上最發達的城市了，這樣的過程在中國只需四十年，在歐洲卻需要四個世紀。可是中國還有很多貧窮地區依然處於歐洲的中世紀，我的意思是說，中國最為富有的地區和最為貧窮的地區可能差了四個世紀。

二〇〇八年五月二十四日

答義大利《共和國報》

共和國報（***La Repubblica***）**：**《兄弟》這兩部小說經過文化大革命時期和改革開放時期的比較來描寫中國的巨大變化。引用弗雷德里克．詹姆遜（Fredric Jameson）的理論，您是否有了建立一種「國家的神話」的想法？

余華：最近這二十多年，弗雷德里克．詹姆遜經常來中國，他有一個強烈的感受：中國所發生的一切都是超現實的。這也是我，一個生活在中國的作家的感受。是的，我確實想在《兄弟》一書裡建立起「國家的神話」，來對應中國這四十多年中誕生的國家的神話，我的意思是先有中國歷史和現實的國家神話，然後才有《兄弟》中的「國家神話」。當然《兄弟》的「國家神話」是非官方的，是民間的講述。這就是為什麼我要用「我們劉鎮」這樣的敘述方式，這是一個由劉鎮的很多人共同來講述的「國家神話」，有時候是一兩個人在講述，有時候是幾十個人甚至幾百個人在講述。所以《兄弟》的敘述風格是躁動不安的，是多種敘述語調同時進行的。

共和國報：你在訪談錄裡好像透露說在美國旅遊的時候，就是正在寫一種歷史性的小說或一部散文集時，便決定開始寫《兄弟》。是真的嗎？請你給我談談《兄弟》上下部的寫作過程……

余華：其實在一九九六年，我已經開始寫作《兄弟》了。謝天謝地，我沒有寫下去。一九九六年時的中國和文革時的中國已經差別很大了，可是從今天的立場來看，那時候的差別仍然不夠大。所以當我二〇〇四年春天從美國回到北京後，重新寫作這部小說正是時候，這時候的中國才真正地從一個極端走向了另一個極端，從禁欲走向了縱欲，從壓抑走向了放縱，然而其表現形式都是瘋狂的，從革命的瘋狂變成了掙錢的瘋狂。現在回想起來，一九九六年沒有繼續寫下去是命運的安排，如果我那時候就完成這部作品的話，我會浪費一個偉大的題材，那時候寫不出這個來自民間的「國家神話」。

共和國報：你和像你同一代的作家好像對重寫過去的興趣非常大，特別是重寫文化大革命離今日不遠的過去。在《兄弟》這樣的作品中回憶有多重要？

余華：我是在文革期間成長起來的，一個人成長的經歷會影響其一生。我過去的很多作品都涉及到了文革，不過我都是將文革作為背景來處理的。這次在《兄弟》裡我第一次用正面的方式敘述了文革，記憶就像大海的浪濤一樣回來了。即便是下部裡關於今天這個時代的故事，記憶仍然洶湧澎湃。根據我的寫作經驗，回憶在一部小說中的重要性不是因為時間的特性，而是由敘述的方式決定的。如果是從某一個角度來寫作，回憶會像小河的流水一樣清晰，有時也會出現急流，可是仍然是河床裡的急流；如果是用正面的敘述方式來表達時代和社會的方方面面，不論是優雅的，還是粗俗的，都不能回避之時，此刻的回憶就會像海嘯一樣，大片地回來了。回憶在《兄弟》的寫作過程中就像是海嘯來了。

共和國報：你的作品裡經常有二元性的特點，例如《兄弟》裡出現下面的：情節上的兩個兄弟，歷史上的文化大革命時代和當代的二元性，小人物中的兩個知識分子，主題上集體和個人的二元性，連小說都是兩部……你對相比的注重有什麼來源？

余華：我想，我是為了表達出我們中國人生活在巨大的差距裡。文革時代和今天時代的差距，這是歷史的差距；李光頭和宋鋼的差距，這是現實的差距。你所指出的二元性，在中國的過去和今天無處不在。幾年前CCTV有一個節目，六一兒童節的這一天，採訪中國各地的孩子們，問他們最想得到的禮物是什麼？一個北京的男孩想要一架真正的波音飛機，可是一個西北貧窮地區的女孩只是想要一雙白色球鞋。我在《兄弟》的後記裡說過，文革時人性壓抑的中國如同歐洲的中世紀，而今天中國生活的開放更甚於歐洲的今天，一個歐洲人要生活四百多年才能經歷這樣兩個天壤之別的時代，一個中國四十多年就經歷了。可是北京男孩和西北女孩之間的差距，似乎又被分離到了不同的時代裡去了，北京男孩彷彿生活在今天的歐洲，西北女孩彷彿生活在四百多年前的歐洲。這就是今天的中國，我們生活在歷史的差距裡，也生活在現實的差距和夢想的差距裡。

共和國報：有的評論家把《兄弟》看作一種電視劇、好萊塢式的描繪，有的認為是一部完全成功的中國民間史詩性小說，我想知道的不是你對評論家所說的話的意見，而是你自己對小說的初心，你是尋找什麼來寫小說的？

余華：十九世紀歐洲的現實主義文學給我們留下了一個傳統，就是作家在面對社會現實時，應該從醫生的角度來解剖它們的弊病。可是我認為在今天，在中國，在義大利，在世界各地已經沒有醫生了，我們全體都是病人，因為這個時代是我們共同推進的，這個時代中的所有弊病我們人人都有一份。我是一個病人來寫作《兄弟》的，或者說是從疾病來寫，然後寫出了併發症。我想，一些批評家們不習慣這樣的小說是很正常的，因為他們認為文學的敘述應該像是健康的醫生在診斷病情。

共和國報：在《兄弟》裡群眾的角色是必不可少的，群眾就是作為一種對應敘事，我是特別欣賞這樣的特點。我還感覺到喜劇、綜藝節目的氣氛，是這樣的嗎？

余華：開始我只是想寫下李光頭和宋鋼的故事，後來發現需要很多群眾參加進來，這樣才能表達出時代和社會變化的氣候，群眾在《兄弟》裡就是氣候，既是政治的氣候，也是生活的氣候，一會兒下雨了，一會兒又天晴了，群眾的態度是不穩定的，就像中國的一句俗話：「牆頭草，隨風倒」。

共和國報：一般來說知識分子在你的作品中是令人難為情的人物。你在《兄弟》裡一直譏笑諷刺他們。這是為何？

余華：曾經有中國的記者問我對知識分子的態度，我反問他應該用什麼樣的標準來衡量？如果用學歷的標準，比如說大學畢業以上的學歷，這樣的知識分子在中國那就太多了；如果用另外一種標準，就是知識分子必須具有獨立性和批判性，那麼這樣的知識分子在中國太少了。

共和國報：一位義大利評論家就這樣描述你的小說：「從文學角度來看（可是理所當然不只是文學的）中國重新完成了馬可波羅的路程，這次的方向是反向的，現在中國用西方的標準重新適應了，就出生了一種非常獨特的混合物。」你同意這種觀念嗎？

余華：我同意這位義大利批評家的話，今天中國的社會形態就是這樣一種非常獨特的混合物。文革的時候為了清除社會中存在的資本主義，有過這樣一句口號：「寧要社會主義的草，也不要資本主義的苗。」現在資本主義改頭換面橫行起來，公平原則逐漸失去以後，其定義就會被不斷修改。所以在今天的中國，我分不清什麼是社會主義，什麼是資本主義，草和苗已經混合到一起了，成為了同一種植物。

共和國報：《兄弟》沒有十九世紀小說典型的失望、沮喪，沒有悲劇，倒有好多荒誕的因素，有喜劇。這是否一種文學手段？目前你對這樣的文學類型還是感興趣嗎？

余華：當草和苗成為同一種植物時，你就會體驗到今天的中國是多麼荒誕。《兄弟》並沒有創造中國的社會形態，只是反應了中國的社會形態。我仍然會這樣寫下去，仍然會這樣表達我對中國的感受。直到有一天草和苗重新分離成兩種植物，我才會改變自己的寫作。

共和國報：這兩年中國和義大利遭受了非常嚴重的地震，突然出現了資本主義潛性本質，像布萊希特（Bertolt Brecht）《勇氣媽媽》（*Mother Courage and Her Children*）說的那樣：「在我們這個時代，你得來一點兒腐敗，才能維持住你的人性。你得搞一點兒腐敗，才能獲得正義。」在這個意義下，中國有否變化？

余華：在電視裡看到拉奎拉（L'Aquila）地震的畫面時，我給我的譯者傅雪蓮（Silvia Pozzi）寫信：「中國還沒有從汶川的傷疼裡出來，義大利進入了拉奎拉的傷疼。」後來在媒體上看到拉奎拉地震房屋倒塌和汶川地震的房屋倒塌一樣有著腐敗的原因，我覺得布萊希特的聲音彷彿從世界上每一個地方都發出來了。一九七八年鄧小平在中國宣導改革開放之時，中國這個大機器已經鏽跡斑斑，腐敗就像潤滑油一樣提高了工作效益，沒有腐敗，很多事情辦不成。布萊希特說這話時，我感到他是一個仍然健在的中國人。

共和國報：你不像你的同事那樣離開中國，你就住在北京？這是為何？

余華：作為一個中國作家，我覺得自己應該生活在中國。而且我的寫作始終是自由的，我的作品出版也沒有受到限制，所以至今為止，我還沒有離開中國的理由。假設以後我的作品出版受到了限制，我仍然沒有離開中國的理由，因為我可以到台灣去出版中文版，到義大利出版義大利文版。我要敘述中國，我就必須生活在中國。

共和國報：《兄弟》裡的處女比賽、處女膜經濟的突然興起是否一種傳統和現代之間的關係的比喻？

余華：是的，是一種傳統和現代之間關係的比喻；同時也是我前面提到的巨大差距的比喻，《兄弟》上部開始就是李光頭在廁所裡偷看女人屁股，到下部裡處美人大賽時李光頭公然用上了放大鏡、望遠鏡和顯微鏡來看。性在《兄弟》

裡，同時也在中國社會裡，從禁忌一下子就來到了放縱。

共和國報：《兄弟》裡的群眾有一點幼稚、粗俗、情感、愚笨，一般人們看電視時就會變成這個樣子，或可以說電視能把這些都強調出來。這就是「我們這一代的實質」嗎？

余華：確實有這樣的趨勢出現了，電視，尤其是網路，每天都在愚弄我們，把假的說成真的，把真的說成假的。生活在今天這個時代，我有一種強烈的感受，就是我們似乎生活在虛構中。二十年前，我就在電視裡見到過貝魯斯柯尼，二十年後再在電視裡見到他，還是二十年前的那個樣子。我在想，這個貝魯斯柯尼真實嗎？

二〇〇九年四月十八日

答義大利《生活》雜誌

生活：您的作品中經常出現文化大革命的年代，在您的小說《兄弟》也是，請您給我們介紹介紹那個時代的重要性……

余華：我的童年和少年時代是在文革中度過的，也就是說我在文革裡成長起來的，所以文革對我的影響是決定性的，決定了我的性格和思維方式等等。文革對今天中國的影響也是如此，雖然它結束三十二年了，可是文革時期的很多方式，現在仍然存在，當然已經改頭換面，用另一種方式表達出來。比如文革時全民革命，現在變成了全民經商。

生活：您在接受過的採訪中說文革相當於歐洲的中世紀，還強調中國人經過四十年的時間經歷了兩個天壤之別的時代。從一種存在論的角度來看，對中國人民、對你本人來說這樣的經歷帶來了一些什麼？

余華：文革既是我個人的記憶，還是我們的國家記憶。就像一個人的記憶會影響他的生活態度一樣，文革的記憶也同樣影響了我們國家前進的方式。為什麼我說從一個極端走向了另一個極端？當一個人壓抑很久以後，突然爆發了，他就會變得比別人更加開放，一個國家也是如此。好比是盪秋千一樣，這一端愈高，盪到另一端時也會愈高。

生活：文革結束以後，中國文化對權力的態度、看法有沒有變化？有的話，是什麼變化？

余華：最大的變化就是各種聲音都有了，在文革時期只有一種聲音，今天什麼聲音都發出來了。

生活：當下的中國是一個一直向現代化走的國家。現代化到什麼程度把你們的過去刪除掉了？

余華：過去是很難刪除的，但是可以被淡忘。因為過去會存在於歷史之中，以歷史記憶的方式出現。確實，現在中國的年輕人已經不了解文革了，他們沒有親身經歷，只能通過像《兄弟》這樣的小說來了解，或者通過其他的方式。我這個年齡的人是最後一代親身經歷文革的人，等到我們這一代離開人世以後，文革也有可能真正被淡忘。

生活：現代化在具有西方文化的國家裡經常帶來過個人權利的驅使。中國也是這樣嗎？

余華：是的，也是這樣。現代化首先讓中國人充滿了欲望，然後欲望很快被轉換成個人權利的驅使。

生活：有一位評論家說您的作品表示出來的不但是傳統道德的消失，還有因傳統道德的消失而維持的社會結構越來越空虛的描述。您是否同意這種觀念？

余華：我同意這樣的觀點，這樣的聲音不僅在我的作品中表現出來，也是中國從文革到今天所表現出來的時代的特徵。作為一個作家我只是寫下一些故事而已。

生活：作家和知識分子為中國人權的發展會做什麼貢獻？

余華：每一個國家都存在人權方面的問題，中國也一樣。我和你們西方的觀點不一樣的地方是：你們關注的是少數的持不同政見者；我認為中國最大的人權問題是司法不公正的現象太多，窮人的利益不能得到保障。

生活：北京新建的體育館按照它的設計師的看法是新中國和老中國的綜合體。您覺得呢？

余華：我看不出北京新建的體育場館有什麼老中國的影子，我覺得都是現代建築，把它們放到世界上任何一個城市都是合適的，也可以說都是不合適的。

生活：快要開始的奧運帶來了什麼社會變化？未來會有什麼影響？

余華：現在安全好像成為了奧運會最重要的事情，這是當初申辦奧運時，沒有想到的。旅遊業不僅沒有因此獲益，反而成為了受害者，很多外國人拿不到簽證，很多在北京打工的民工，因為工廠的暫時關閉都離開了北京，當然他們得到了國家的補償。

二〇〇八年四月八日

答義大利*Reset*雜誌

Reset：關於您以前的作品裡的暴力，在出版您的短篇小說義大利版時，您聲明了您因為不能寫愛所以必須寫恨。您還說，由於您是在文化大革命的時候長大的，恐怖就是屬於您的一種感情。您認為哪一種感情能最好地描述現在的中國？

余華：我在義大利出版的短篇小說集《折磨》，是我一九八〇年代完成的作品，當時的中國已經改革開放了，可是還沒有完全擺脫文革的陰影，我也不會例外，我那時期寫下的作品充滿了暴力，可能是我的記憶左右了我的寫作。你知道，我是在文革中長大的，除了很多恐怖和暴力的記憶，我也有很多美好的記憶，可是那時期的寫作幾乎被恐怖和暴力的記憶左右。很多年過去了，在文革結束三十年後，我出版一部新的小說《兄弟》，在《兄弟》的上部裡，我覺得既表達了恐怖和暴力的記憶，也表達了過去生活裡的美好記憶。今天的中國和一九八〇年代的中國很不一樣，今天的中國很難用某一種情感來描述了，今天的中國讓我百感交集，事實上就是用一百種情感也難以描述今天的中國。

Reset：您聲明了作為一九八〇年代的一位作家對社會的關注。一九九〇年代的中國作家，像韓少功先生所說的，同個人主義有著更密切的關係。您認為目前的中國作家是起什麼作用的？應該起的是什麼作用？

余華：我是一九八〇年代開始寫作的，可以說我是一位一九八〇年代的作家，可是一九九〇年代我還在寫作，二十一世紀了我仍然在寫作，而且我的作品隨著時代的變化也在變化，所以現在很難說我是屬於哪個時代的作家。今天中國的作家生活在巨大的變化裡，這是我們寫作的財富，應該將這種巨大的變化表達出來。當然文學是不可能改變現實社會的，但是可以影響和改變讀者對於社會的看法，對於現實的感受。

***Reset*：**作家和讀者之間存在什麼關係？為什麼作家好像集中在自己，而讀者不向他們提出更高的要求？

余華：作家和讀者之間是什麼樣的關係？這是由讀者來決定的，因為讀者擁有選擇的權利，而作家只能是被選擇。人們經常說作家應該為讀者寫作，其實這是做不到的，因為讀者各不相同，作家不知道如何去滿足他們各不相同的閱讀需要。但是有一點是可以做到的，那就是作家自己也是一個讀者，作家在寫作的時候應該滿足自己這個讀者的需要。事實上每一個作家在寫作的時候，都同時具有兩種身分，作者的身分和讀者的身分，作者的身分讓作家不斷地往前寫，而讀者的身分則是在悄悄地幫助作者把握敘述的分寸。

***Reset*：**在您的寫作裡以工人和農民為主。中國的文學和知識分子應該克服哪些困難來重新考慮到目前的實際社會情形、讀者情形、老百姓的情形？

余華：要讓今天中國的作家和知識分子充分關心社會情形和老百姓的情形，在理論上是不難做到的，可是實際上並不容易，中國的知識分子太多地關心自己，可是很少去關心別人。我在中國的很多場合都反覆說過，一個人只有真正關心別人，才能做到真正關心自己。我在中國的大學演講時，總是希望今天中國的大學生應該去了解別人，了解別人是為了了解自己。我相信，一個人如果不關心別人，也不去了解別人，那就永遠也無法知道自己是一個什麼樣的人。

Reset：您對中國文學的未來有哪些預測？哪些情況會改變，哪一些應該改變？您的寫作正在經過什麼樣的變化過程？

余華：我無法預測中國文學的未來，也不知道哪些情況會改變。因為我連自己以後會寫出什麼樣的作品都不知道，更不知道其他中國作家會寫出什麼作品。當然我知道自己過去寫下了什麼，在一九八〇年代的時候，我在中國被認為是一位先鋒派作家，那時候我寫的是短篇小說；到了一九九〇年代我開始寫長篇小說了，寫下了《活著》和《許三觀賣血記》，中國的評論家認為我回歸傳統了，其實《許三觀賣血記》不是一部傳統敘述的小說，《活著》也不是，這兩部作品對時間的處理是吸收了現代主義寫作的技巧。最近《許三觀賣血記》入選了北京的高中教材，是由高中教師選定的，他們的理由是這部小說講故事的方法和傳統小說不一樣。我覺得很有意思，中國的評論家一直將《許三觀賣血記》視為傳統小說，可是高中教師不這麼認為。去年和前年我又出版了新作《兄弟》，這部作品在中國引起了很大的爭議，因為還沒有一個中國作家用這樣的方式來寫中國的現實和歷史，一些讀者不習慣。我以後會寫出什麼作品？說實話，我不清楚，但是有一點可以肯定，那就是我的作品總會色彩強烈地表達中國的現實。

Reset：文學和政治在什麼程度互相影響，是文學影響政治比較多，還是政治影響文學比較多？

余華：文學其實表達的是日常生活，日常生活是包羅萬象的，有政治、有歷史、有社會、有現實等等，也有個人隱私和個人情感等等，因此文學是包羅萬象的。可以這麼說，沒有一部作品裡是沒有政治色彩的，只是有些作品政治色彩濃厚，另一些淡化而已。

Reset：在西方，說到中國的時候，經常說的是經濟或者人權的問題，經常是以一種害怕的狀態說中國。您認為在歐洲人和全世界人的眼裡，中國的形象是什麼？您希望這個形象要怎麼改變，而且關於中國，有什麼我們（西方人）應該知道而不知道？

余華：西方的媒體在報導有關中國的消息時，總是喜歡選擇負面的內容。其實中國的媒體也一樣，也是越來越多地出現負面的內容。我想這是媒體的風格，負面總是比正面的報導更加吸引讀者。所以西方的媒體經常以害怕的方式說中國一點也不奇怪。我不知道今天在西方人眼中，中國是一個什麼樣的形象？我只是感到現在來歐洲越來越困難了，一九九〇年代的時候申請簽證很簡單很容易，現在申請簽證越來越麻煩。至於你提到的中國的形象應該怎樣改變，其實應該是西方的媒體在報導中國時應該怎樣改變。如果西方的媒體永遠是負面地報導中國，那麼中國的形象怎麼改變也沒有用。

***Reset*：**一方面，中國出現很重要的增長信號，比方說中國的國民總產值，另一方面，有很多人，也包括中國人，指出不要太樂觀。他們指的是中國國內不公平的一些情況，如城市和農村地區之間的不平衡。您對他們和對您的國家有什麼期望？

余華：中國現在已經是世界上第三大經濟國，可是人均年收入卻仍然排在世界的一百位左右。中國今天的狀況，比如貧富差距，城市和農村的差距，社會不公平等等，應該是經濟迅速發展之後帶來的後果。我的期望是中國發展的速度應該慢下來，讓我們有足夠的時間和空間來處理經濟高速發展帶來的社會問題和環境問題。

***Reset*：**您喜歡的義大利作家有但丁，卡爾維諾，莫拉維亞（Alberto Moravia）。

您認為義大利文學和西方文學能給予中國文學什麼？反過來說，中國文學能給予義大利和西方文學什麼？

余華：西方文學，當然包括義大利文學對中國文學產生過很大的影響，而且這樣的影響仍然在繼續。我希望中國文學也會給西方文學和義大利文學帶去新鮮的感受。

二〇〇七年八月八日

答義大利《晚郵報》

晚郵報（*Corriere della Sera*）：您曾經用「十個詞彙」分析過中國社會，《第七天》這本小說像是有著一樣的目的，是這樣嗎？

余華：我在《兄弟》裡已經這樣寫了，雖然《兄弟》有六百多頁，我仍然覺得沒有把我對當代中國的感受完全表達出來，於是我寫下了非虛構《十個詞彙裡的中國》，寫完以後還是覺得不夠，那時候就有了一個願望，想把三十多年來發生的荒誕的故事集中寫出來，有一天我腦子裡出現了一個很妙的開頭，一個人死了，殯儀館給他打電話，說他預約的火化時間遲到了，我就開始寫《第七天》了。

晚郵報：本書的故事有許多現實主題的再現，為何本書情節和時事如此貼近？

余華：雖然這部小說的形式是荒誕的，可是再現了許多的現實主題，我在寫作的時候有一種強烈的願望，就是讓這部小說給讀者呈現出一個文學文本的同時，還要呈現出一個社會文本。我自己把《第七天》稱為地標故事集，好比我們在今天中國的城市裡尋找某一個地方時，都會首先去尋找附近的地標建築，地標建築可以幫助我們找到要去的地方。你所說的這些現實主題是我們三十多年發展過程中留下來的一個個社會地標和歷史地標，我希望一百年以後的中國讀者在閱讀《第七天》的時候，可以一下子知道這個時代發生過什麼。

晚郵報：為何您選擇用一個去了「那邊」的人的口吻來講述今天的故事？

余華：從「那邊」，也就是從死者的世界來講述的話，可以讓我在兩百多頁的篇幅裡把這些故事集中敘述出來，這是寫作的角度，就像眼睛一樣，目光是從小小的眼睛裡出來，輻射到的是一個廣闊的世界。如果從「這邊」來寫，可能需要六百多頁的篇幅，會和《兄弟》一樣厚的一本書。

晚郵報：您的主人公是有人性的，是善的，卻已經死去，是否可以視作一種比喻？

余華：這部小說的基調是寒冷的，有時候甚至是窒息的，所以我需要人性裡溫暖的部分來鼓舞自己的敘述，否則我寫不下去。你所說的「是否可以視作比喻」，我寫作的時候沒有這樣想，但是這部小說在中國出版以後，有人這麼認為。

晚郵報：這本書是二〇一三年出版的，在這四年之間中國有什麼變化？

余華：最大的變化就是反腐，經常會聽到某位高官被抓了，還有數量不少的地方官員被抓，如此大規模的反腐是我四年前沒有意料到的，這意味著什麼？很明顯，中國過去三十多年的發展歷程裡所產生的問題比我此前寫過的《兄弟》和《十個詞彙裡的中國》多太多了。

晚郵報：主人公的父親並非親生，但兩人的關係卻非常密切，您是想說感情和誠實會帶來真正的超越家庭關係的連接嗎？

余華：中國有句老話，生不如養。楊飛出生就由楊金彪撫養，楊金彪為楊飛犧牲了自己應有的生活，楊飛以自己的方式報答了楊金彪的養育之恩。今天的中國出現太多的兄弟姊妹之間或者子女與父母之間為了財產反目成仇的事例。所以，感情是超越血緣關係的。

晚郵報：我記得二〇一三年這本書受到了很多批評。後來怎樣？這本書取得了成功嗎？

余華：我已經習慣批評了，《兄弟》出版時我就遭受了很多批評。《第七天》出版前我就對出版商說，做好準備，會有很多人來批評。我告訴他，我的書在中國太受歡迎了，受關注和受批評是成正比的。他不相信，結果書出版後果然受到很多批評。現在四年過去了，《第七天》很成功，已經銷售了一百多萬冊，到今天為止，中國最大的購書網站當當網上面有十三萬六千四百三十六條讀者評論，百分之九九．三的讀者給予了好評。

晚郵報：故事的最後，主人公未能得到埋葬。「死無葬身之地」是一個什麼樣的地方？

余華：「死無葬身之地」在中文裡是一種詛咒，但是在我的小說裡是一個最為美好的地方，像烏托邦，但不是烏托邦；像世外桃源，但不是世外桃源。我把「死無葬身之地」反過來用了。

二〇一七年七月二十八日

答瑞典文學雜誌《駝隊》

駝隊（***Karavan***）**：**你寫作背後的創作動力是什麼？

余華：我想，是對虛構世界的迷戀。現實世界無時不刻在制約著我們，我們的很多想法、情感、欲望很難充分地表現出來，只能表現出其中很少的部分，有時候甚至使用偽裝的方式來表現。我們在現實世界裡沒有完全的自由，但是在虛構的世界裡，我們有。寫作，讓我在現實世界無法表現的，可以在虛構世界裡充分表現出來。

駝隊：作家有無特別的責任？

余華：我曾經說過世界上說話最不可靠的人是作家，作家善於虛構，當然這是開玩笑。如果作家有特別的責任的話，就是用虛構的方式表達現實的真實性。

駝隊：作家在社會中的角色是什麼？

余華：作家在社會中的角色應該保持獨立性和批判性，這是作家最基本的品質。

駝隊：在我們這個時代，什麼樣的歷史重要，值得作家講述？

余華：作為一個中國作家，最值得我講述的是這四十多年的歷史。我在《兄弟》的後記裡寫道：「這是兩個時代相遇以後出生的小說，前一個是文革中的故事，那是一個精神狂熱、本能壓抑和命運慘烈的時代；後一個是現在的故事，那是一個倫理顛覆、浮躁縱欲和眾生萬象的時代。文革的中國和今天的中國，好比是歐洲的中世紀和歐洲的現在。一個西方人活四百多年才能經歷這樣兩個天壤之別的時代，一個中國人只需四十年就經歷了。應該是四百年間的動盪萬變，現在濃縮在了四十年之中，這是彌足珍貴的經歷。」

駝隊：你自己現在讀什麼？

余華：我最近重讀了托爾斯泰的《安娜·卡列尼娜》，那麼的寧靜，又是那麼的激動人心。這樣的寧靜和寧靜中湧動的激動，我曾經在巴哈的《馬太受難曲》裡感受過。

二〇一二年四月

答韓國《朝鮮日報》

朝鮮日報：等了幾年了終於看到您的中短篇集《炎熱的夏天》了。聽說這本是您自己選六篇作品（戰慄／偶然事件／女人的勝利／炎熱的夏天／在橋上／他們的兒子）來做一本中短篇集，想知道為何這六篇做成一本書？

余華：這六篇小說的題材和風格比較接近，所以將它們選進一本書。它們表達的都是中國一九八〇年代的生活，這是一個很容易被忽略的年代。因為在它前面是文革時代，後面是喧囂的一九九〇年代。

朝鮮日報：這次是主要以男女關係中描寫男女之間微妙的心理狀態的作品，

此心理描述非常獨特，有什麼動機讓您關心這樣的題材？

余華：兩個原因，一是我想嘗試一下這種微妙的敘述，從普通的生活細節著手，寫一組沒有動盪感的小說。二是用這樣的方式來表達中國一九八〇年代的生活場景可能很合適。

朝鮮日報：這次作品集主要的題材是現代中國人的日常生活，不過這些日常生活並不一定平凡的，給讀者看的理由是什麼？

余華：事實上，表達中國人的日常生活是我一直以來的努力。讀者總是從我的書裡讀到政治、歷史、現實等等，當然也讀到了情感和隱私等等。而所有這一切都包含在我們的日常生活之中，只要將日常生活寫出來了，也就寫下了一切。這本書中，我是用一種溫和微妙的方式來敘述。

朝鮮日報：《戰慄》是找到十二年前收到的一封信後相逢的男女追求過去的記憶，互相的記憶像拼圖一樣對照，不過兩個人的記憶一直錯開，但那裡有「真正的戰慄」這樣的質問。能否告訴我們作者想到的「真正的戰慄」是什麼？

余華：我想「真正的戰慄」對於不同的人是不一樣的，它不是一道有著標準答案的數學題，而是隱私一般的感受。我在這部小說裡想說的是，「真正的戰慄」無處不在地存在著，問題是我們能否經常感受到。

朝鮮日報：〈偶然事件〉是個形式非常獨特的作品，也是非常有趣的作品，有沒有作者通過這樣的形式來追求某些方面的極大化效果？

余華：我想在這部作品中表達的是這樣一個事實，就是每個人心裡都隱藏著連自己都不了解的內容，是生活，或者說別人的言行喚醒了這些內容。這部作品的形式有助於我將這樣的意思書寫出來。

朝鮮日報：您在韓國有名的作品幾乎是長篇小說，想聽聽您對長篇小說和中短篇小說的想法，也想知道除了長篇小說，還在繼續寫中短篇？

余華：我在任何國家，包括中國，著名的都是長篇小說，其實我在短篇小說方面也下了不少功夫，只是讀者不太關注。《兄弟》之後我沒有再寫中短篇小說，但是我以後肯定會繼續寫。

朝鮮日報：關於這本書，向將選擇《炎熱的夏天》這本的讀者，請說一句話。

余華：耐心讀這本書。

朝鮮日報：若現在正寫新作品，能否簡單的介紹內容？何時能寫完出書？

余華：其實我一直在寫新的長篇小說，可是從去年開始我的生活被切碎了。我不斷在歐美奔走，為《兄弟》的各種版本做宣傳，我無法安靜地寫作大部頭的書，只能寫一些短一些的文章。我正在寫一部很有意思的小書《十個詞彙裡的中國》，我計畫用十個漢語詞彙來表達當代中國。考慮美國和歐洲主要國家希望明年秋天出版，我必須在明年二月前完成。

朝鮮日報：最後麻煩您向您的韓國讀者說一句。

余華：謝謝你們！

二〇〇九年八月二十一日

答丹麥《基督教彙報》

基督教彙報（***Kristus daglig***）**：**《第七天》發生在幻想裡，在一個象徵性的空間。你的故事為什麼經常荒誕性的？

余華：是的，《第七天》展示了一個象徵的空間，可以說它是中國現實生活的水中倒影，有些虛無縹緲，而且隨著水的波動，倒影會變形。我需要這樣的虛無縹緲和這樣的變形來表現出中國社會的荒誕，在此說明一下，為什麼我的故事裡經常表現出荒誕，不是我喜歡用荒誕的方式寫作，而是中國社會充滿了荒誕，我寫作時不知不覺中就把故事寫荒誕了，只有這樣，我才覺得自己的寫作是真實的。

基督教彙報：楊飛在冥世步行時，了解很多事情，也為讀者們揭示很多不公平的事情。為什麼選擇從死亡那邊看到生活？

余華：我一直有一個想法，就是把中國這三十多年來發生的荒誕的事集中寫出來，我所說的荒誕事是三十多年來持續發生的，不是很快過去的事。為什麼會這樣？三十多年前發生的事，三十多年來還在一直發生。我想寫出來，怎麼寫？我很長時間找不到方案，因為這三十多年來發生的荒誕事太多了。有一天，我腦子裡突然出現了一個小說開頭，一個人死了，接到殯儀館的電話，說他火化遲到了。我覺得可以寫了，從死者的角度來看生者的世界，就可以將這些荒誕事集中表現出來了。

基督教彙報：對你來說，死去是一種結束？還是死去後還有些什麼？而這種死後還有些什麼到底是什麼？

余華：作者和他的作品是不一樣的，從我個人的角度來說，死亡就是結束，從生命的意義上就是結束。如果還有讀者在閱讀我的作品，那麼我會以另一種方式繼續活著。對楊飛而言，對《第七天》裡來到死無葬身之地的死者而言，死亡不是結束，是開始。苦難結束了，美好開始了。

基督教彙報：《第七天》的書名是從舊約創世紀借來的。為什麼引用《聖經》？

余華：《第七天》的書名來自中國的風俗，就是頭七，意思是人死後最初的七天裡其靈魂不會離開，會在家人和朋友那裡遊蕩。中文版出版時扉頁上引用了《聖經—創世紀》的那段話，是編輯加上去的。

基督教彙報：你在《第七天》裡創造一個美好的社會，關於中國的未來，你是悲觀者還是樂觀者？

余華：《第七天》可能是一個烏托邦，一個虛構的美好社會。對於中國的未來會怎麼樣？我既不悲觀也不樂觀，因為中國的問題太多了，可以說三十多年來問題層出不窮，所以我不樂觀；但是三十多年來我看到的事實是舊的問題很快會被新的問題替代，有一句話說解決問題的辦法總是比問題多，中國社會解決舊問題的辦法就是出現新問題，這個也很荒誕，正是這荒誕讓我對中國的未來不悲觀。

基督教彙報：讀到楊飛和他爸爸的關係，還有你所描寫的前妻，我很感動。我想你對人類愛的能力肯定很有信心？

余華：因為這部小說過於悲傷和壓抑，我寫作時需要人與人之間的愛和友情來支撐，否則我寫不下去。也可以說這是愛的力量，這是人類的美德，充滿同情與憐憫之心。

基督教彙報：殯儀館這個地方你怎麼想出來的？你的描寫可能和你小時候住在墓地的對面有關？

余華：在殯儀館裡取號等待火化的場景是我在中國的銀行辦事的經驗。中國人口眾多，去銀行辦事時要取號排隊，坐在塑膠椅子裡等待叫自己的號；如果是VIP，那麼就會在一個舒適的空間裡等待，有沙發，有鮮花，有咖啡，有茶，有飲料，當然也要取號排隊，但是人少，很快就可以輪到。

基督教彙報：在文革時大多文學都被禁止。聽說波赫士，卡夫卡，威廉・福克納的作品（還有英格瑪・伯格曼〔Ernst Ingmar Bergman〕的電影）深深地干擾你和帶給你靈感。你怎樣發現他們？

余華：文革時沒有文學書籍，波赫士，卡夫卡，威廉・福克納的作品是文革以後翻譯到中國出版的，當時現代主義文學在中國流行，我第一時間就讀到了他們的作品。我第一次看到英格瑪・伯格曼的電影是在一個朋友家裡，用錄影帶看的，那部電影叫《野草莓》（*Smultronstället*），我看完後震驚了，雖然我已經讀過波赫士，卡夫卡，威廉・福克納他們的書了，但是對電影不了解，我沒想到世界上還有這樣的電影。那時候中國從文革裡出來也就十來年時間，當時我住在北京東邊，朋友的家在西邊，那天晚上我步行了二十公里，我不想坐公車，只想走路，來消解我心裡的激動。

基督教彙報：假如你是記者，採訪自己，你要問哪一些問題？

余華：我不知道應該問自己哪些問題，問自己問題是艱難的工作，如果我沒有生病，來到了丹麥，我會問你幾個問題。

基督教彙報：最後一個問題，你在寫郵件回答我的問題時看到什麼風景或環境，請給我描寫一下。

余華：我書房的窗簾一直是拉上的，是可以透光的白底水墨畫窗簾，只有在房間需要通風時才會拉開。我背對窗簾坐在書桌前寫東西，我看到的是兩排書櫃，裡面都是我自己寫的書，右邊的書櫃裡放著中文簡體字版和繁體字版，左邊是外文版，別人寫的書放在客廳的書架上。

二〇一七年九月一日

答美國*Electric Literature*雜誌

***Electric Literature*：**幾十年以後再重讀這些故事（〈西北風呼嘯的中午〉、〈死亡敘述〉、〈愛情故事〉、〈兩個人的歷史〉、《夏季颱風》、《四月三日事件》、《此文獻給少女楊柳》），你的感覺怎麼樣？你可以從讀者的角度閱讀它們嗎，還是只能採取作者的態度？你有進行修改的衝動嗎？

余華：現在重讀這些故事，有一個明顯的感覺就是我已經沒有年輕時的才華了，當然年輕的時候也沒有我現在的才華，這是不一樣的才華。社會的變化讓我成為了一個和年輕時不太一樣的作者，讓我的寫作在面對社會現實時變得更加直接。我在重讀這些故事時，會有修改一些語句的衝動，但是我沒有這麼做，因為那是年輕時的我寫下的，不是現在的我寫下的，從這個角度說，我沒有修改的權利。

***Electric Literature*：**《四月三日事件》之後，你的寫作越來越以人物帶動，而這些故事更傾向於概念化。你仍然喜歡這種抽象的寫作方式嗎？哪些方面是你可以通過抽象的方式表達，而更難或者不可能通過具體描寫實現的？

余華：這些故事都是我在開始寫作長篇小說之前寫的，正如你所說的，這些故事有些抽象，主要是對人物，這些故事裡的人物很大程度上是符號，是我想表達什麼時出現的符號，當我開始寫作長篇小說時，我突然發現人物經常會發出自己的聲音，而且他們自發的聲音比我為他們設計的更好，更符合他們，所以後來的寫作就是你說的，越來越在人物的帶動下寫了。

***Electric Literature*：**多年來你常常談到你受到的影響，我覺得《四月三日事件》中，波赫士的影響尤其明顯。你從他的風格中吸取了什麼，你如何這麼徹底地把它轉化為你自己的東西？

余華：我是一九八七年寫完《四月三日事件》，當時還沒有讀到波赫士的作品，當時我深受卡夫卡的影響，我在卡夫卡的作品裡感受到了一種無法驅散的恐懼感，這也是我的恐懼感，不是形式的影響，也不是技巧的影響，是某種感覺的影響，卡夫卡喚醒了我內心深處的恐懼感，然後我以自己的方式表現出來。

***Electric Literature*：**在我的閱讀視野中，《四月三日事件》是對青春期最滑稽、最悲哀的表述——它的主人公讓我想起了霍頓．考爾菲德（編註：《麥田捕手》裡的主角）——然而作品又隨時滑動在真正的黑暗邊緣。你如何把握好這種平衡？

余華：沙林傑的《麥田捕手》當時風靡中國，現在仍然廣受歡迎，我想原因就是霍頓．考爾菲德在任何時代任何國家都是無處不在。霍頓．考爾菲德已經是經典人物了，《四月三日事件》裡的「我」現在還不是，以後也不可能是。這兩個人物很不一樣，但是有一點是相似的，就是他們都是被排擠在人群外面的人物，或者說是他們把自己排擠出去的，因為他們不想呆在人群裡面。「滑動在真正的黑暗邊緣」，你的描述非常準確，這就是我二十七歲時寫作這個故事的心理狀態，確實需要好好把握敘述中的平衡，我的方式是盡量不讓「我」在敘述裡激動起來，一旦激動的話會衝破平衡。

Electric Literature：在《此文獻給少女楊柳》中，故事人物常常發現他們對世界的了解與他們的直接經驗迎面相撞——例如，敘述者走進廚房，而他知道並不存在廚房。過去，或者現在，是什麼讓你被這個特定的悖論吸引？這個悖論有沒有政治含義？

余華：寫這個故事時，我是波赫士的讀者了，這個故事比《四月三日事件》晚了將近兩年，我相信波赫士影響了這個故事。我的敘述似是而非，或者就是你說的悖論，敘述在不斷的互相否定裡前行。這個悖論應該有政治含義，當時我還沒有完全從文革的陰影裡出來，我從童年到少年成長過程中深信不疑的共產主義信念一下子就被否定了，接下去剛剛相信什麼又很快不相信了，我可以說是生活在悖論裡，這也是當時中國社會的政治現狀，鄧小平要否定文革，但是他又不願意否定毛澤東，這個就是當時最大的悖論。

Electric Literature：在《此文獻給少女楊柳》中，外鄉人漸漸看不見了，你寫道：「從那一日起，他不再對自己軀體負責。」《四月三日事件》中的好多人物好像都是這樣。當時你有這種感覺嗎？這些人物缺少或者失去控制能力的原因是什麼？

余華：這似乎是我三十年前寫作的基調，人物把握不了自己的命運，有時候甚至把握不了自己的感覺。我不知道是什麼原因讓我寫下這些，但是有一點可以確定，我慫恿自己這樣往下寫，因為我心裡充滿了這樣的情緒，需要發洩出來，等到發洩的差不多的時候，我開始寫長篇小說了，然後我的寫作變化了。

***Electric Literature*：**在《夏季颱風》中，你以眾人的口吻說話，然而從來沒有使用第一人稱複數或者第三人稱複數。這個想法來自何處？你如何做到人物和語態的恰當平衡？

余華：這個故事無法從一個人物的角度來完成，需要眾人的角度，但是每一個人物都是獨立的和只有一個聲音。從眾人的角度寫不是很容易，首先要考慮好前後順序，然後再做好敘述的交接，至於平衡，我想故事裡人們對地震的恐懼和沒完沒了的雨水可以幫助我，它們營造了一種氣氛，罩住了我們，我的寫作只要不衝破它，敘述就是安全的，或者是平衡的。

***Electric Literature*：**〈死亡敘述〉中開卡車的敘事者有一種非常有力——有時候令人不快——的語氣，在一本不以人物驅動的故事集中，這一點顯得尤其突出。這個人物來自哪裡？

余華：這個人物來自我的內心，我想把內心裡不安和愧疚的情緒通過一個虛構人物表達出來，這個人物在講述這個故事的時候已經死了，中文也存在現在式和過去式，但是並不明顯，我仍然努力讓讀者感受到這個故事是現在式的，感受到有一個人坐在讀者對面講述他的故事，雖然那是一位死者。

***Electric Literature*：**這些故事中，有沒有什麼你擔心美國讀者不好理解的地方？你希望美國人帶著什麼樣的意識進入你的作品？

余華：我不知道，說實話我不認為這些故事在美國讀者那裡會受到歡迎，可能會有不多的讀者對這些故事感興趣，如果是這樣的話，如果有讀者在這些故事和人物裡讀到自己的感受，看到自己的影子，我就十分滿足了。

二〇一八年十一月十七日

答義大利《共和國報》

共和國報：你住在哪裡？是怎麼樣的地方？可否像是小說開頭似的來描寫一下？還有，你渴望住在別的什麼地方？

余華：我剛開始寫小說的時候住在中國南方一個只有八千人的小鎮上，那是三十五年前，當時我有一個習慣，當我構思的時候或者寫不下去的時候，我會走到街上去，身體的行走可以讓我的思維活躍起來，可是我的思維經常被打斷，因為在街上不斷有人叫我的名字。那個小鎮太小了，走到街上不是遇到認識的人就是見到見過的臉。十年以後，也就是二十五年前我正式定居北京，最重要的原因是我的妻子在北京，還有一個原因是我在街上一邊行走一邊想著自己的小說時不會被人打斷，北京的大街上沒有人認識我。現在我已經沒有這樣的習慣了，北京後來的空氣讓我養成了坐在門窗緊閉的書房裡構想小說的習慣。儘管空氣有問題，北京仍然是我最喜愛的城市，因為這是一個誰也不認識誰的城市。

共和國報：你怎麼變成今天的余華？（哪些人、書、經歷使你變成當下這個人？）

余華：我的第一份工作是牙醫，每天看著別人張開的嘴巴，那是世界上最沒有風景的地方，我非常不喜歡這個工作，因此我想改變自己的生活，我開始寫小說，很幸運我成功了，此後我的睡眠不再被鬧鐘吵醒，我醒來以後的生活自由自在。當然有很多作家影響了我的寫作，我的第一個老師是川端康成，第二老師是卡夫卡，第三個老師是福克納，還有很多老師的名字，有些我已經知道，有些我以後會知道，有些我可能一生都不會知道。我曾經有過一個比喻，作家對作家的影響好比是陽光對樹木的影響，重要的是樹木在接受陽光的影響時是以樹木的方式在成長，不是以陽光的方式在成長。所以川端康成，卡夫卡，福克納沒有讓我變成他們，而是讓我變成了今天的余華。

共和國報：最近有什麼事讓你比較注重、吃驚？（可以是世界裡發生的一件事或者你私人生活裡的一件事）

余華：俄羅斯世界盃結束了，開始的時候，也就是小組賽的時候，我看了一場又一場比賽，沒有看到義大利隊，因為我沒有關心此前的預選賽，所以我向朋友打聽，義大利隊什麼時候開始比賽，朋友告訴我，義大利隊沒有進入俄羅斯世界盃，我很吃驚。當然中國隊也沒有進入，如果中國隊進入俄羅斯世界盃的話，我也會吃驚。

共和國報：你會在哪種情況下笑起來？你作品裡經常使用諷刺手法，有時也帶有憤世嫉俗的味道，這是什麼來源？

余華：看到這個問題的時候我笑了。我經常笑，我和朋友們在一起時經常開玩笑，我和妻子兒子在一起時也經常開玩笑。我到義大利，和我的譯者傅雪蓮在一起時，我們互相開玩笑，一起哈哈大笑。我寫作時喜歡用諷刺的手法，確實也有憤世嫉俗的味道。我認為將憤怒用幽默的方式來表現會更加有力，看上去也是更加公正，而諷刺是表達幽默的直接手法，所以我寫作時總是讓諷刺進入敘述。

共和國報：什麼時候、在哪種狀況下會嚇哭（真真地嚇哭）？有什麼事使你感動？

余華：嚇哭？這個要到夢裡去尋找，好幾年前有一個夜晚，我夢見自己死了，夢中的我只有十五、六歲，還是一個中學生，有三個同學把我放在一塊門板上，抬著我往醫院奔跑，他們跑得滿頭大汗，而我被自己的死去嚇哭了，我告訴他們，不要送我去醫院，我已經死了。我的三個同學聽不到我的哭聲也聽不到我的話，我掙扎著想從晃動的門板上坐起來，可是我死了，坐不起來。然後我從夢中驚醒，發現自己還活著，我被活著這個事實感動了，這是令人難忘的感動。後來我把這個夢作為一個小說的開頭，這個小說寫了幾個月，沒有寫完擱在那裡了，以後我會寫完它的。

共和國報：對你來說什麼是愛情？作為作家和作為人對愛情有什麼想法、看法？你相信婚禮嗎？有孩子嗎？

余華：愛情對於五十八歲的我來說就是相依為命，我和我妻子相依為命，我們有一個兒子，今年二十五歲。我們的家庭關係很好，我兒子是做電影的，我們經常在晚飯後一起討論一本書或者一部電影，這是我作為人對愛情的看法。作為作家對愛情的看法經常是不一樣的，因為小說的題材和故事不一樣，我在《兄弟》裡描寫的愛情是美好的，但是在其他的小說裡我寫下了對愛情的懷疑。

共和國報：文學或一部書是否教你什麼料不到的教訓（可以是小或者偉大的事情）？

余華：法國作家司湯達爾爾（Stendhal）的《紅與黑》（*Le Rouge et le Noir*）給予我很大的文學教育。小說裡的家庭教師于連·索黑爾愛上了伯爵夫人，司湯達爾讓于連向伯爵夫人表達愛意的篇章是文學裡偉大的篇章，沒有讓于連去找一個沒有人的角落悄悄向伯爵夫人表達，這是很多作家選擇的敘述方式，因為這樣寫比較容易，但是司湯達爾是偉大的作家，他需要困難和激烈的方式，他讓于連與另一位夫人和伯爵夫人坐在一起，當著另一位夫人的面用腳在桌子下面去勾引伯爵夫人的腳，這個篇章寫得驚心動魄。司湯達爾教育了我，一個真正的作家應該充滿勇氣，不只是政治上的勇氣，更重要的是文學敘述上的勇氣，就是遇到困難不要繞開，應該迎面而上；更為重要的是，司湯達爾告訴我，不要用容易的方式去寫小說，要用困難的方式去寫小說。

共和國報：什麼是文化差距？雖然世界越來越全球化了，但是你還是會碰到什麼文化差距？

余華：我說一個故事，我的小說《許三觀賣血記》出版義大利文版和英文版以後，我遇到過兩位有趣的讀者，小說裡的女主角許玉蘭傷心的時候就會坐到門檻上哭訴，把家裡私密的事往外說，一位義大利朋友告訴我，那不勒斯的女人也會有這樣的表現；而一位英國朋友告訴我，如果他有這樣一個妻子的話，他就不想活了。文化差異在這裡表現出來的都是理解，只是義大利朋友和英國朋友理解的方向剛好相反，我的意思是說，面對一部文學作品時，文化差異會帶來了認同和拒絕，而認同和拒絕都是理解。

共和國報：你怕什麼（請說說小事和大事）？

余華：我想了很久，沒有發現自己怕什麼，我現在可以自由生活自由寫作，生活和寫作構成了我的全部。

共和國報：你怎麼看你的年齡？跟年齡有什麼關係？怎麼保重你的身體？有否想戒除的惡習？

余華：我在回答這個問題的時候正在遭受痛風的苦惱，腳趾的疼痛讓我不能走路，斜靠在床上回答這麼多的問題，而且還要我回答的盡量多一點。可能是小時候的貧窮造成的原因，我每次吃飯一定要吃撐了才覺得是吃飽了，這個壞習慣始終改不了，痛風就是這樣出現的。我經常告訴自己，少吃多運動，可是我總是在告訴自己，總是沒有好好實行，能夠做到幾天少吃，幾天運動，然後又多吃不運動了。

共和國報：你和網路、微博、新技術是什麼關係？它們給你的生活帶來什麼變化？

余華：中國人在吸收新的技術和新的生活方式時沒有任何障礙，適應的速度之快令人感覺到新舊之間似乎沒有距離，比如移動支付，短短幾年時間，阿里巴巴支付寶的ＡＰＰ和騰訊微信支付的ＡＰＰ差不多裝載進了所有的智慧手機，從超市的收銀台到辦理證件的收費窗口，從大商場到街邊小店，只要有交易的地方，都有支付寶和微信支付的二維碼放在顯眼的位置，人們從口袋裡拿出手機掃一下就輕鬆完成交易。我在回答這個問題時意識到自己在中國已經有一年多沒有用過現金，也沒有用過信用卡，因為手機支付太方便了。不少人上街時口袋裡沒有現金也沒有信用卡，一部手機可以完成所有來自生活的需求。於是乞丐也與時俱進，他們身上掛著二維碼，乞求過路的人拿出手機掃一下，用移動支付的方式給他們幾個零錢。

共和國報：你那一代和年輕人這一代有什麼不一樣？年輕人你羨慕他們什麼地方，不羨慕他們什麼地方？

余華：上世紀一九八〇年代末，我和我妻子還在談戀愛的時候，我們都住在集體宿舍裡，沒有自己的房間，我經常在晚上帶著她去看別人家的窗簾，不同的窗簾在燈光的映照裡感覺很美，我們很羨慕那些有房子的人，我當時對她說：我們沒有房子，但是我們有青春。我們現在有房子了，但是我們沒有青春了，所以我羨慕年輕人的是他們有青春。

共和國報：對你來說宗教是什麼？你信上帝或有什麼「靈性」信仰？

余華：我是在文革中成長起來的，我是一個無神論者，我沒有宗教信仰，也許文學是我的宗教，因為文學裡充滿了「靈性」。

共和國報：你怎麼看男女平等的情況和發展？

余華：在中國，毛澤東時代解決了這個問題，但是現在開始倒退了，比如就業，男性就會比女性的機會多，很多公司願意招聘男性員工，他們覺得女性結婚生育以後重心會轉移到家庭上，從而不會那麼認真工作了。事實並不是這樣，不少有孩子的女性仍然工作出色，但是社會上一直存在這樣的偏見。

共和國報：最近你對什麼電影或電視劇比較感興趣？為什麼？

余華：我不看電視劇，太長了，我沒有那麼多時間去看。最近我重新看了塞爾維亞導演埃米爾·庫斯圖里卡（Emir Kusturica）的電影，因為他是我的朋友。

共和國報：未來有什麼寫作計畫？現在寫什麼呢？

余華：我有四部小說都寫到了一半，我以後的工作就是將它們寫完。

共和國報：作為著名作家是什麼感覺？

余華：感覺多了一些機會，如果我沒有名氣，那麼我的書出版時不會像現在這樣順利。

共和國報：你利用最多的、並不缺乏的詞彙是哪一個？

余華：我現在用的最多的詞彙是「變化」，我剛剛為英國《衛報》（*The Guardian*）寫了一篇七千字的長文〈我經歷的中國的變化〉。

二〇一八年六月三日

國家圖書館出版品預行編目資料

我只要寫作,就是回家 / 余華作. -- 初版. -- 臺北市 : 麥田, 城邦文化出版 : 家庭傳媒城邦分公司發行, 2020.01
面； 公分. -- (余華作品集 ; 14)

ISBN 978-986-344-718-4（平裝）

1. 余華 2.訪談 3.文學評論

782.887 108019487

余華作品集 14

我只要寫作，就是回家

作 者 余 華
責任編輯 林秀梅

版 權 吳玲緯
行 銷 巫維珍 蘇莞婷 黃俊傑
業 務 李再星 陳玫潾 陳美燕 馮逸華
編輯總監 劉麗真
總 經 理 陳逸瑛
發 行 人 涂玉雲

出 版 麥田出版
104台北市民生東路二段141號5樓
電話：(886)2-2500-7696 傳真：(886)2-2500-1967
發 行 英屬蓋曼群島商家庭傳媒股份有限公司城邦分公司
104台北市民生東路二段141號11樓
書虫客服服務專線：(886)2-2500-7718、2500-7719
24小時傳真服務：(886)2-2500-1990、2500-1991
服務時間：週一至週五09:30-12:00・13:30-17:00
郵撥帳號：19863813 戶名：書虫股份有限公司
讀者服務信箱E-mail：service@readingclub.com.tw<mailto:service@readingclub.com.tw>
麥田部落格：http://ryefield.pixnet.net/blog
麥田出版Facebook：https://www.facebook.com/RyeField.Cite/

香港發行所 城邦(香港)出版集團有限公司
香港灣仔駱克道193號東超商業中心1/F
電話：852-2508 6231
傳真：852-2578 9337

馬新發行所 城邦(馬新)出版集團〔Cite (M) Sdn Bhd.〕
41-3, Jalan Radin Anum, Bandar Baru Sri Petaling,
57000 Kuala Lumpur, Malaysia.
電話: (603) 9056 3833
傳真: (603) 9057 6622
E-mail：services@cite.my

設 計 朱疋
電腦排版 宸遠彩藝有限公司
印 刷 前進彩藝有限公司

初版一刷 2020年1月

定價／360元

ISBN：978-986-344-718-4

城邦讀書花園
www.cite.com.tw